Arbeitstexte für den Unterricht

Deutsche Sprachgeschichte

Für die Sekundarstufe
herausgegeben von
Gerhart Wolff

Philipp Reclam jun. Stuttgart

Universal-Bibliothek Nr. 9582
Alle Rechte vorbehalten
© 1984 Philipp Reclam jun. GmbH & Co., Stuttgart
Bibliographisch ergänzte Ausgabe 1999
Gesamtherstellung: Reclam, Ditzingen. Printed in Germany 1999
RECLAM und UNIVERSAL-BIBLIOTHEK sind eingetragene Marken
der Philipp Reclam jun. GmbH & Co., Stuttgart
ISBN 3-15-009582-4

Inhalt

I. Vorwort

Es steht außer Zweifel, daß sprachgeschichtlich-diachronische Aspekte bei der Beschäftigung mit Sprache in Schule und Hochschule seit dem Beginn der Reformdiskussion um 1968 stark in den Hintergrund getreten sind. Früher war es beispielsweise selbstverständlich, in der Obersekunda »Sprachdenkmäler des Mittelalters« zu behandeln: Lehrwerke wie *Die Silberfracht* (Hirschgraben), *Altdeutsches Lesebuch* (Diesterweg) oder Benders *Deutsches Lesebuch* (G. Braun) zeugen in den entsprechenden Jahrgängen davon. Hingegen bietet etwa das Arbeitsbuch *Wort und Sinn* (Schöningh) für die Sekundarstufe II weder in der ersten Auflage 1971 noch in der Neufassung 1980 irgendeine sprachhistorische Perspektive.

Die Gründe für die skizzierte Veränderung sind vielfältiger Art. So wuchs in den sechziger Jahren eine Generation von Linguisten heran, die sich vornehmlich einer strukturalistischen oder generativen Sprachanalyse verpflichtet fühlte. Parallel dazu forderte die »Kritische Theorie« der Frankfurter Schule die Beschäftigung mit der konkret-politischen Gegenwart statt mit Vergangenheit und Geschichte. Informationstheoretische, ideologiekritische und soziolinguistische Forschungsansätze propagierten gleichermaßen den Vorrang der Synchronie vor der Diachronie. Und alle Richtlinien der siebziger Jahre schließlich erhoben eine Forderung der »Kommunikativen Didaktik«, die Förderung der »kommunikativen Kompetenz«, zum obersten Lernziel. Unter dieser Devise mußte Sprachgeschichte zwangsläufig verkümmern zu Sprach*kritik* (These vom Sprachzerfall, Auseinandersetzung mit der Sprache des Dritten Reiches u. a.) oder zu Sprach*politik* (These von der Sprachspaltung, Auseinandersetzung mit der Sprache der DDR).

Inzwischen beginnt sich die Szene zu wandeln. Die ungehemmte Kommunikationseuphorie und Pragmatikwelle, mit ihrer wenig durchdachten Orientierung allein an Effekt und

Erfolg, scheint einer vorsichtigen Besinnung auf Traditionen und Werte zu weichen. Die Erkenntnis, daß die Gegenwart nur aus der Vergangenheit zu begreifen und die Zukunft im Wissen um das Gewordensein lediglich evolutionär zu beeinflussen ist, wird allen und manchem schmerzvoll bewußt. In diesem Zusammenhang und unter veränderten Zeitbedingungen erhält dann auch Sprach*geschichte* wieder eine Berechtigung.

Allerdings sei damit nicht an eine unreflektierte Neuaufnahme früherer sprachhistorischer Bemühungen gedacht. Bei der alten »*Sprachkunde*« standen die historischen Erscheinungsformen der Sprache selber und der Kultur im Vordergrund. Ihre Stammväter Adelung und Grimm, Herder und Humboldt faßten Sprachgeschichte ja wesentlich als Kulturgeschichte des Volkes; und folgerichtig konzipierte Rudolf Hildebrand in der Mitte des letzten Jahrhunderts Sprachgeschichte für die Schule als nationale Kulturgeschichte.

So richtig es gewiß ist, sprachinterne Faktoren der Entwicklung mit sprachexternen in Beziehung zu bringen, so gilt es doch heute, eine einseitig historisch-nationale, aber auch eine einseitig historisch-philologische Schau zu vermeiden und statt dessen sozialgeschichtliche Aspekte stärker zu betonen. In dem angedeuteten Sinn hätte die Sprachgeschichte im heutigen Deutschunterricht eine mehrfache Aufgabe. Sie sollte
- den Blick schulen für Veränderungsprozesse auf der formalen, der inhaltlichen und der funktionalen Ebene;
- exemplarisch helfen, den Gedanken der Entwicklung, der Veränderung, mit den Bedingungen und Folgen, grundsätzlich zu reflektieren;
- die Abhängigkeit der Sprache von der jeweiligen »Verkehrsgemeinschaft« (Eggers) und dem »Kommunikationsbedarf« einer Gesellschaft (Kanngießer) zeigen und damit zum besseren, d. h. tieferen Verständnis sprachlicher sowie sozialer Prozesse in der Gegenwart beitragen;
- anregen, Fragen nach dem Ursprung, dem Wesen und den Funktionen der Sprache zu beantworten;

9

– schließlich, wissenschaftspropädeutisch, einführen in Arbeitsmethoden und Möglichkeiten systematischer Sprachbetrachtung.

Diese Ziele verdeutlichen, daß Sprachgeschichte geeignet wäre, dem umstrittenen und in Mißkredit geratenen Lernbereich »Reflexion über Sprache« neue Dimensionen und neue Geltung zu verschaffen.

Für ein solches Vorhaben im Rahmen einer begrenzten und doch offenen Textauswahl erscheint es allerdings geraten, eine Akzentuierung vorzunehmen. So liegt hier bei den theoretischen Äußerungen der Schwerpunkt auf dem gegenwärtig diskutierten Begriff des *Sprachwandels*, der dazu anregt, Veränderungsphänomene vor dem Hintergrund eines bleibenden Grundbestandes zu sehen und zugleich nach Ursachen und Folgen zu forschen. Da Veränderungen im Wortschatz am leichtesten greifbar sind, wird der Etymologie und dem Bedeutungswandel noch immer ein bevorzugter Platz eingeräumt. – Die Titel der Textgruppen geben oft, etwa durch die Nennung einer Entwicklungslinie oder einer Textsorte, bereits eine Analyse-Richtung an, der dann auch die Arbeitshinweise folgen. Schon im historischen Teil B finden sich zudem thematische Zentren (z. B. das Übersetzungs-Problem, die allgemeine Diskussion um Kunst und Literatur, die Sprachkritik), welche eine Zusammenstellung von Material aus verschiedenen Abschnitten zu ähnlichen Themenkreisen ermöglichen, wie sie Teil IV bietet. Natürlich ist stets an die Ergänzung aus anderen, den Schülern leicht zugänglichen Quellen gedacht. Aus diesem Grunde sind übrigens auch Texte aufgenommen, die in den sprachgeschichtlichen Darstellungen von Eggers, von Polenz oder Augst interpretiert werden; sie sollen zu weiterführender Lektüre Anlaß geben. Daß die vorliegende Sammlung Beispiele zu verschiedenen Funktionalstilen (Alltagsverkehr, schöne Literatur, Wissenschaft etc.) enthält, sei nur am Rande vermerkt.

Auf sprachliche Erläuterungen wird im allgemeinen verzichtet, da der Umgang mit Wörterbüchern und Sprachlexika gewissermaßen Bestandteil der Arbeit mit dem Band sein sollte. Übersetzungen (bzw. Übersetzungshilfen) sind nur da gegeben, wo sie für das Verständnis der Texte nötig erscheinen oder als charakteristisch für eine bestimmte Interpretation angesehen werden können.

Querverbindungen ergeben sich zu folgenden Titeln der Reihe *Arbeitstexte für den Unterricht: Deutsche Literatur des Mittelalters* (Reclams UB Nr. 9568 [2]), *Deutsche Sprache der Gegenwart* (UB Nr. 9531 [2]), *Funktionen der Sprache* (UB Nr. 9516 [2]), *Metaphorischer Sprachgebrauch* (UB Nr. 9570 [2]), *Herrschaft durch Sprache* (UB Nr. 9501 [2]), *Argumente und Parolen* (UB Nr. 9518 [2]).

II. Texte zur Entwicklung der deutschen Sprache

A. Systematische Aspekte: Veränderungen in Wortschatz, Satz- und Textstrukturen

1. Wortgeschichten

a) »Deutsch« (Hugo Moser)   1950

Die Bezeichnung d e u t s c h bietet hinsichtlich ihrer sprachlichen Form wie vor allem ihrer ursprünglichen Bedeutung gewisse Schwierigkeiten. Zunächst tritt sie in der lateinischen Form *theodiscus* in der Karolingerzeit auf, zuerst 786. Damals berichtet der romanische Bischof von Ostia und Amiens, daß auf einer angelsächsischen Synode die Beschlüsse einer voraufgehenden Kirchenversammlung *tam latine quam theodisce* verlesen wurden. 801 wendet sich Karl der Große in einem Kapitular in Italien gegen das Verbrechen unerlaubter Entfernung aus dem Heer, »quod nos *teudisca lingua* dicimus herisliz (Heeresbruch)«. Bischof Frechulf von Lisieux spricht um 825 im Zusammenhang mit den Goten und Franken von *nationes Theotiscae*. 840 tritt bei Walahfried Strabo neben *Theotiscum sermonem* das Wort *Theotisci* auf, und 842 ist in Nithards Bericht über die doppelsprachigen Straßburger Eide anläßlich der Teilung des Frankenreiches die Rede von *Teudisca* und *Romana lingua*. In Otfrieds Evangelienharmonie (um 860) steht in der lateinischen Einleitung *theotisce*; im deutschen Text liest man *frengisk* fränkisch, was hier wohl im gleichen, weiteren Sinn gemeint ist.

Erst zweihundert Jahre nach dem Auftreten der lateinischen Form, in der ottonischen Zeit, finden sich Belege für die deutsche Form des Wortes. Notker der Deutsche (955 bis 1022) gebraucht das Wort *diutisc*; in Glossen vor und nach Notker finden sich auch Formen mit anlautendem *th* und *t* und innerem *d*.

Dagegen begegnet seit etwa 880, also hundert Jahre nach der ersten Bezeugung von *theodiscus*, das schon dem klassischen Latein bekannte Wort *teutonicus* neben *Teutoni*; es wird bald häufiger als jenes. Schon im 8. Jahrhundert werden auch die Bezeichnungen *Germania, Germani, germanicus* gebraucht (so von Bonifatius).

Der Form nach gehört das Wort *deutsch* ohne Zweifel zu got. *þiuda* Volk (*þai þiudô* die Heiden), zu frühalthochdeutsch *theota*, daneben *diot* Volk (erhalten etwa in *Dietrich* = Volk + Herrscher). Mit ihm hängen die lateinischen Formen *theodiscus, theotiscus, teudiscus* zusammen; Weisgerber hat wahrscheinlich gemacht, daß ihnen ein westfränkisches **þeudisk, *þeodisk* vorausging, von dem die mittellateinischen Bezeichnungen stammen können. Ihm entsprechen ahd. *diutisc*, mndl. *dietsc, duutsc*, afz. *tie(d)eis*. Das Schwanken der Schreibung zwischen innerem *d* und *t* kann landschaftssprachlich sein. Im Anlaut entsprechen sich *th* und *d* (ahd. *th* wird > *d*); *t* erklärt sich wohl durch den Einfluß der lateinischen Formen und von *teutonicus*. Im Mittelhochdeutschen steht *diutsch* neben *tiu(t)sch*. Die *d*-Formen überwiegen im Niederdeutschen, während in Süddeutschland die Schreibung mit *t* bis in die Goethezeit bevorzugt wurde. In der Klopstockzeit bekam sie noch eine Stütze: damals erfand man ja den germanischen Gott *Teut* als Stammvater der Deutschen. Das ihnen als Niederdeutschen vertraute, etymologisch richtige anlautende *d* vertraten Gottsched und Adelung.

Überblickt man die Belege, die oben nur in spärlicher Auswahl angeführt werden konnten, so wurde *theodiscus* »volksmäßig« zunächst von der Sprache, dann erst vom Volk gebraucht. Es wurde benützt im Sinne von *vulgaris* und bezeichnete (wie Otfrids *in gethiuti*) anfänglich die Volkssprache gegenüber dem Latein; es bedeutete wohl zuerst *germanisch*, später dann *fränkisch*. Dafür spricht neben Äußerungen wie der Frechulfs vor allem die Tatsache, daß *theodiscus* auch außerhalb des Frankenreichs gebraucht wurde, so etwa in England gleich bei seinem ersten bezeugten Auftreten 786, und daß es nach 800 auch für das Gotische wie um 825 bei Frechulf für die Goten stand. *Teutonicus* dagegen wird von Anfang an in der Bedeutung *deutsch* gebraucht, und zwar, wie wir sahen, für die Sprache und, in der Form *Teutoni*, auch für das Volk. Wir dürfen vielleicht annehmen, daß *theodiscus* unter dem Einfluß von *teutonicus*, das damit gleichgesetzt wurde, als die Bezeichnung der nicht romanisierten gegenüber den romanisch sprechenden Franken die eingeschränkte Bedeutung *deutsch* bekam. Die Benennungen *Germania, Germani, germanicus* werden vorwiegend im geographischen Sinne gebraucht.

b) »Leben – Leib« (Hans Eggers) 1965

Besondere Aufmerksamkeit verdient der Ersatz von *lib: vita* durch *leben*. Das germanische Wort, das in ahd. *lîb*, nhd. *Leib* fortlebt, bedeutet seiner etymologischen Herkunft nach »das Beharrende, das Dauernde« und wird in anderen germanischen Sprachen noch heute nur in der Bedeutung »das Leben« gebraucht (vgl. z. B. engl. *life*, skand. *liv*). Auch im älteren Althochdeutsch, im *Tatian* und noch bei Otfrid, bedeutet es ausschließlich »Leben«. Dann aber hat es im Hochdeutschen, und wohl von dort ausgehend auch im Niederdeutschen und Niederländischen, daneben die zweite Bedeutung »Leib, Körper« angenommen. Bei Notker kommt es in beiden Bedeutungen vor. Dafür taucht bei ihm aber auch schon zweimal das Substantiv *leben* auf, seiner Bildungsweise nach eine junge Sprachform, ein substantivierter Infinitiv. Daß Notker diese Neubildung verwendet, ist wohl ein Zeichen dafür, daß die nunmehr entwickelte Doppelbedeutung von *lîb* als »Leib« und »Leben« lästig zu werden beginnt. Aber noch während des ganzen mittelhochdeutschen Zeitraumes wird *lîb* in beiden Bedeutungen gebraucht [. . .].

c) »Arbeit«

Arbeit *f.* Unter a r m und E r b e ist der Stamm idg.
orbho-, germ. *arb-* »verwaist« entwickelt. Zu ihm gehört
ein intr. Ztw. germ. *arbējō* »bin ein verwaistes (u. darum zu harter Arbeit verdingtes) Kind«, dazu wieder germ.
arbējiđiz »Mühlsal« in got. *arbaiþs f.*, anord. *erfiđi*, ags.
earfođ(e) n., afries. *arbēd*, mnl. *arbeit (d)*, asächs. *arabed(i)*,
ahd. *arabeit(ī)*, mhd. *ar(e)beit f.* In der alten Gleichsetzung
von Arbeit u. (unwürdiger) Mühlsal lebt die von Tacitus
Germ. 15 bezeugte Gesinnung: der freigeborene Germane
überläßt die tägliche Arbeit den Unfreien. Erst das Ritter-
tum gibt dem Begriff einen posit. Wert; die Mystik erhebt
die weltliche Arbeit zum Beruf (s. d.) im christl. Sinn.
Luther gibt mit der Lehre vom allg. Priestertum der Arbeit
ihren entscheidenden Sinn; freilich verwendet auch er noch
das Wort für »Mühsal«: Hildburg Geist im Lutherjahrbuch
1931 S. 83 ff. Das scheinbare Grundverb schweiz. *arbən*,
nassau. *erwə* »arbeiten« nur junge Neuschöpfung zu A r -
b e i t.

Arbeit *w:* Das gemeingerm. Wort mhd. *ar[e]beit*, ahd.
ar[a]beit, got. *arbaiþs*, aengl. *earfođe*, aisl. *erfiđi* ist wahrscheinlich eine Bildung zu einem im germ. Sprachbereich
untergegangenen Verb mit der Bed. »verwaist sein, ein zu
schwerer körperlicher Tätigkeit verdingtes Kind sein«, das
von idg. *orbho-s* »verwaist; Waise« abgeleitet ist (vgl.
Erbe). Eng verwandt ist die slaw. Wortgruppe von poln.
robota »Arbeit« (s. den Artikel *Roboter*). Das gemeingerm.
Wort bedeutete ursprünglich, im Dt. noch bis in das Nhd.
hinein, »schwere körperliche Anstrengung, Mühsal, Plage«.
Den sittlichen Wert der Arbeit als Beruf des Menschen in

der Welt hat Luther mit seiner Lehre vom allgemeinen Priestertum ausgeprägt. Er folgte dabei Ansätzen zu einer Wertung der Arbeit, wie sie sich in der Ethik des Rittertums und in der mittelalterlichen Mystik finden. Dadurch verlor das Wort Arbeit weitgehend den herabsetzenden Sinn »unwürdige, mühselige Tätigkeit«. Es bezeichnete nun die zweckmäßige Beschäftigung und das berufliche Tätigsein des Menschen. Das Wort bezeichnet außerdem das Produkt einer Arbeit. – Abl.: a r b e i t e n (mhd. *ar[e]beiten*, ahd. *ar[a]beiten* »[sich] plagen, [sich] quälen, angestrengt tätig sein«, entspr. got. *arbaidjan*, aisl. *erfiða*), dazu A r b e i t e r *m* (mhd. *arbeiter* »Tagelöhner, Handwerker«; seit dem 19. Jh. besonders Standesbezeichnung des Lohnarbeiters in Industrie und Landwirtschaft); a r b e i t s a m »fleißig; reich an Arbeit« (mhd., ahd. *arbeitsam* »mühsam, beschwerlich«).

d) »Emanzipation«

Der Große Brockhaus   1953

Emanzipation [lat.], im röm. Recht die Entlassung eines Familienmitglieds aus dem mancipium, d. h. der väterlichen Gewalt; allgemein die Befreiung von Individuen oder Gruppen, die zuvor rechtlich oder tatsächlich in einem dauernden Abhängigkeitsverhältnis standen. Die Freilassung von Sklaven, die im späteren Altertum in zunehmendem Umfang stattfand, bezog sich immer nur auf den einzelnen Fall und führte nicht zur E. der Sklaven überhaupt. Die neuzeitliche Rechts- und Gesellschaftsentwicklung zeigt die E. aller Teilgruppen der Gesellschaft, denen die ständische Ordnung des MA. und des Absolutismus die polit. Freiheit und die volle Rechtsfähigkeit versagt hatte, als eine ihrer Haupttendenzen, gemäß der christl., später bes. der humanitären Idee. Von entscheidender Bedeutung wurde die Erklärung der Menschenrechte in der Französ. Revolution und ihr Eindringen in das öffentliche Bewußtsein. Dadurch wurde eine

Reihe von Emanzipationsbewegungen ausgelöst, durch die überständige gesellschaftl. Bindungen aufgehoben, freilich auch das Gefüge der Gesellschaftsordnung gefährdet und der Individualismus stark gefördert wurde. Über die E. der Bauern → Bauernbefreiung. Über die E. der Juden → Juden. Die E. der Sklaven in den Südstaaten der USA und in den Kolonien wurde, teilweise unter heftigen Kämpfen gegen die Interessenten, verwirklicht (→ Sezessionskriege). Über die E. der Frauen → Frau.

Der Große Herder   1954

Emanzipation die (lat. = Freilassung; Ztw. emanzipieren), 1) Befreiung aus einem Zustand der Abhängigkeit od. Beschränkung, wie E. der Neger, Sklaven, Juden, der Frauen (Aufhebung der polit., sozialen usw. Schranken; rechtl. Gleichstellung der Frau). – 2) bei den Römern Freilassung einer Person aus der Gewalt des Hausvaters (→ patria potestas). – emanzipiert, gleichberechtigt, betont vorurteilsfrei.

e) »Kommunikation«

Der Große Brockhaus   1955

Kommunikation [lat.], 1) Mitteilung, Verbindung, Verkehr; Telekommunikation, *Nachrichtentechnik*: Fernverbindung, Fernverkehr. 2) in der Existenzphilosophie von K. Jaspers das verstehende Miteinander von Mensch zu Mensch.

Brockhaus Enzyklopädie   1970

Kommunikation [von lat. »Gemeinsamkeit«, »Mitteilung«], Verständigung, Übermittlung von → Information, sei es durch Zeichen aller Art (z. B. Ausdruck, Sprache) oder durch formalistische Verständigungssysteme (K. Bühler: »semantische Einrichtungen«). K. hält gesellschaftliche Gebilde zusammen.

K. ist nicht auf den Menschen beschränkt. Im Tierreich ist die Zuordnung von Signalen zu Sachverhalten überwiegend erbbedingt. Ausdruckshaltungen, -bewegungen und -laute, Gesichtsmimik und Intentionsbewegungen werden beantwortet oder wirken stimmungsübertragend (»ansteckend«). Wutäußerungen können gemeinsamen Angriff auslösen, Angstzeichen gemeinsame Flucht.

Kommunikationswissenschaft

Die K.-Wissenschaft oder K.-Forschung als Teil der Humanwissenschaften ist mit der Psychologie und der Soziologie durch Grenzgebiete und Beobachtungsverfahren verbunden und hiervon begrifflich nicht scharf zu trennen. Im Mittelpunkt steht der Begriff der *kommunikativen Wechselwirkungen*, die sich als *Kommunikationsprozesse* (»Dialog der Gesellschaft«) darstellen. Die K.-Wissenschaft beobachtet diese zusammengesetzten Vorgänge, um sie in ihren Strukturen zu erkennen und in ihren Funktionen zu erklären.

Mit der Begründung der *Informationstheorie* (bes. durch C. E. Shannon und N. Wiener) war auch ein Anwachsen von kodetheoretischen Forschungen verbunden (→ Code), die heute das eigentliche Gebiet der Informationstheorie ausmachen. In der *Phonetik* sind kommunikative Gesichtspunkte schon immer lebendig gewesen; sie sind mit der Entwicklung der *Phonologie* einerseits und mit dem starken Anwachsen der *Signalphonetik* (→ Phonetik) andererseits zum tragenden Fundament dieser Disziplin geworden. Die *Sprachwissenschaft* untersucht zwar hauptsächlich die Sprachsysteme (→ Grammatik), doch gibt es auch Arbeiten über die sprachlich kommunikativen Akte selbst (A. H. Gardiner, K. Bühler, H. Ammann). Die kommunikative Analyse der Sprache wird auch in der *Semantik* (Semasiologie) gepflegt. Die schnell wachsenden Disziplinen der *Psy-*

cholinguistik, *Soziolinguistik* und *Ethnolinguistik* untersuchen nicht nur die kommunikativen Aspekte der Sprache, sondern auch andere kulturelle Systeme menschlicher Verhaltensweisen. Als übergeordnete Bezeichnung dient oft der Begriff *Semiotik*.

Neuerdings befassen sich *Sozialpsychologie* und *Psychiatrie* mit zwischenmenschlichen Kommunikationskontakten. Unter dem Einfluß der Informationstheorie und der *Kybernetik* wurden die Signale im Nervensystem als Fakten kommunikativer Art analysiert, eine heute sehr verbreitete Betrachtungsweise der *Physiologie*.

In Planungsstellen publizistischer Unternehmen und in Forschungsabteilungen von Werbeagenturen gibt es eine *angewandte K.-Wissenschaft*. Private Umfrageunternehmen treiben praktische K.-Wissenschaft, wenn sie Medienleistungen und Medienwirkungen untersuchen. Mit dem Anwachsen der Verwaltungen und Organisationen und mit zunehmendem Wettbewerb der Medieneinrichtungen wird der K. die Aufgabe zufallen, Planungsfachleute (»Kommunikationsingenieure«) auszubilden.

Sondergebiete

In der Nachrichtentechnik, Informationsverarbeitung und Kybernetik heißt K. auch der Nachrichtenaustausch innerhalb technischer Einrichtungen und besonders zwischen dem Menschen und techn. Einrichtungen wie Automaten oder Datenverarbeitungsanlagen (*Mensch-Maschine-K.*, engl. *man machine communication*). Die techn. Einrichtungen müssen sowohl in ihrer inneren Arbeitsweise als auch bei den Eingabe- und Ausgabegeräten den Bedürfnissen und Gewohnheiten des Menschen angepaßt sein, indem sie z. B. Dialogbetrieb mit Anfragen und Auskünften erlauben oder Sichtgeräte mit Zeichnungs- und Textdarstellung, Sprachausgabe oder Schrift- und Zeichenleser enthalten.

In den meisten gesellschaftswissenschaftlichen Disziplinen (*Psychologie, Sozialwissenschaften, Soziologie,*

Politikwissenschaft) hat sich im Zusammenhang mit der Verbreitung und ständigen Verbesserung von Hörfunk und Fernsehen eine spezielle *Medienkunde* (im Rahmen der Massenmedien) oder *Massenkommunikationsforschung* ausgebildet. Für die Publizistik lassen sich vier typische Bereiche ausgliedern: die Unterrichtung *(Information)*, die Meinungsbildung, die Unterhaltung und die soziale Orientierung *(Sozialisation)*. Diesen Bereichen liegen zwar Verhaltensmotive zugrunde, doch stellen sie selbst keine Einzelmotive, sondern komplexe Motivbündel dar. Ihre Beobachtung geschieht mit den explorativen Methoden der Motivationsforschung.

Faktoren menschlicher Kommunikation

Man unterscheidet als Kommunikationsarten die einfachen Zeichen (z. B. Symbole), die Zeichenkomplexe (z. B. Heraldik, Emblematik, Verkehrszeichen) und die Zeichensysteme (Sprachen, Schriften). Die Erforschung der *Kommunikationsmittel (-kanäle)* ist ein klassisches Feld der historischen Kommunikationswissenschaft. Weitere Fragen zielen auf den *Aussageempfänger*, den *Rezipienten*, auf die Personen der Gesprächspartner, auf jeden, der kommunikativ handelt, und auf sein Verhalten im Austausch. Von Bedeutung sind die *Kommunikationsfolgen* und die während oder erst nach der K. zu beobachtenden Reaktionen bei den Beteiligten. Oft interessiert, ob eine Aussage »angekommen«, ob und in welchem Umfang sie verstanden worden ist. Die kultur- und sozialepochalen Bestimmungsmerkmale des Austauschs, der räumlichen Dimension von Kommunikationsprozessen, die geschichtl. und gesellschaftl. Rahmenbedingungen für kommunikative Ziele und Erwartungen, die *Beweggründe* zur Teilnahme an einer K. sind wichtige Einzelfragen. Sie setzen sich aus den Zielen des Kommunikators und den Erwartungen des Rezipienten zusammen. Beobachtungen über längere Zeiträume ergeben *Trenddaten* und gelten der Erforschung kommunikativen Wandels *(Kulturwandel)*.

2. Nachrichtentexte

a) Ermordung von Walther Rathenau (Deutsche Allgemeine
Zeitung)   1922

Berlin, 24. Juni. Heute vormittag wurde Minister Rathenau,
kurz nachdem er seine Villa im Grunewald verlassen hatte,
um sich in das Auswärtige Amt zu begeben, erschossen und
war sofort tot. Der Täter fuhr im Auto nebenher und sauste
nach vollendeter Tat weiter ...
Der Minister fuhr um 10 Uhr 45 von der Wohnung ab. Um
10.50 bereits fielen drei Schüsse, gefeuert von drei Männern
in gelben Lederjacken und ebensolchen Lederkappen.
Außer ihnen saß in dem Kraftwagen der Mörder noch der
gleichgekleidete Chauffeur. Der erste Schuß durchschlug die
Rückenpolsterung des offenen Rathenauschen Automobils
und durchschlug den Brustkasten. Die zweite Kugel schlug
von seitwärts in die Brust. Der tödliche Kopfschuß drang in
den Mund ein. Eine ferner in das Automobil geschleuderte
Handgranate durchschlug den Wagenboden.
Die Mörder entkamen in Richtung Schmargendorf.
Dr. Rathenau war verschiedentlich gewarnt, aber lehnte
leider die Begleitung durch Kriminalbeamte ab.

b) Ermordung von Anwar el-Sadat (Frankfurter Allgemeine
Zeitung)   1981

Kairo, 6. September (dpa/AP/Reuter/AFP). Der ägyptische
Staatspräsident Sadat ist am Dienstag bei einem Attentat
getötet worden. Dies wurde am Nachmittag in Kairo offi-
ziell bestätigt. Zu der Tat hat sich mit einem Anruf im
Beiruter Büro der amerikanischen Nachrichtenagentur UPI
eine »Unabhängige Organisation für die Befreiung Ägyp-
tens« bekannt. Bei dem Anschlag wurden ferner mindestens
ein Leibwächter und ein Adjutant Sadats getötet sowie
Vizepräsident Mubarak, Verteidigungsminister General

Abu Ghazale, Generalstabschef Rab el-Nabi Hafis und mehrere Diplomaten verletzt.

Der Anschlag wurde während einer Militärparade aus Anlaß des achten Jahrestages des Oktoberkrieges gegen Israel 1973 verübt. Wie Augenzeugen berichteten, rollten gerade amerikanische M-60-Panzer an der Ehrentribüne in einem östlichen Kairoer Stadtteil vorüber, während in der Luft Düsenjagdbomber aus französischer und sowjetischer Produktion Flugkunststücke vorführten, als plötzlich drei Soldaten und ein Offizier aus einem Fahrzeug sprangen und zwei Handgranaten auf die Tribüne warfen. Anschließend feuerten sie mit Maschinenpistolen in die Reihen der Ehrengäste.

Der Leibwächter Fauzi Abdel Hafis warf sich sofort auf den Präsidenten, um ihn mit seinem Körper zu decken, und war auf der Stelle tot. Andere Leibwächter erwiderten das Feuer und töteten die drei angreifenden Soldaten. Der Offizier wurde überwältigt. Sadat wurde mit schweren Verletzungen in das Militärhospital im Stadtteil Maadi geschafft, wo indes jegliche ärztliche Hilfe zu spät kam.

Das ägyptische Kabinett trat noch am Nachmittag unter Leitung des offensichtlich nur leicht verletzten Vizepräsidenten Mubarak zu einer Sondersitzung zusammen. Das Parlament wurde für diesen Mittwochnachmittag einberufen.

B. Historische Aspekte:
Epochen der deutschen Sprachgeschichte

3. Gotisch und Althochdeutsch

a) Das Vaterunser

Gotisch (Aus der Bibelübersetzung des Ulfila, 4. Jh.)

Atta unsar thu in himinam,   weihnai   namô thein.
Vater unser du in Himmeln, geweiht werde Name dein.

qimai   thiudinassus theins.   waírthai   wilja theins,
(Es) komme Volksreich deins.   (Es) werde Wille deiner,

swê   in   himina   jah   ana aírthai. hlaif unsarana
gleichwie im Himmel auch auf Erden. Brot unseres

thana sinteinan gif uns   himma   daga. jah aflêt uns
das   tägliche gib uns (an)diesem Tage. Und erlaß uns,

thatei skulans   sijaima, swaswê jah weis aflêtam thaim
daß Schuldner wir seien, so wie auch wir erlassen   den

skulam   unsaraim,   jah   ni   briggais uns in
Schuldnern   unsern,   und   nicht   bringe uns in

fraistubnjai,   ak   lausei uns   af thamma ubilin.
Versuchung,   sondern (er)löse uns von   dem   Übel.

untê theina ist thiudangardi jah mahts jah   wulthus
Denn dein ist Königreich und Macht und Herrlichkeit

in   aiwins.   amên.
in Ewigkeiten. Amen.

Lateinisch (Vulgata)

Pater noster, qui es in caelis. Sanctificetur nomen tuum.
Adveniat regnum tuum. Fiat voluntas tua, sicut in caelo et in
terra. Panem nostrum supersubstantialem da nobis hodie. Et
dimitte nobis debita nostra, sicut et nos dimittimus debito-
ribus nostris. Et ne nos inducas in tentationem. Sed libera
nos a malo. Amen.

Althochdeutsch (Aus dem Weißenburger Katechismus, 9. Jh.)

Fater unsêr,   thû   in himilom bist, giuuîhit   sî
Vater unser, (der) du in Himmeln bist, geweiht   sei

namo thîn. quaeme rîchi thîn. uuerdhe uuilleo thîn,
Name dein. Komme Reich dein. Werde   Wille dein,

sama   sô in himile endi in erthu. broot unseraz
ebenso wie in Himmel auch auf Erden. Brot unseres

emezzîgaz gib uns hiutu. endi falâz uns sculdhi
beständiges gib uns heute. Und erlaß uns Schulden

unsero, sama sô uuir farlâzzêm scolôm unserêm.
unsere, ebenso wie wir erlassen Schuldnern unsern.

endi ni gileidi unsih in costunga, auh arlôsi
Und nicht leite uns in Versuchung, sondern erlöse

unsih fona ubile.
uns von Übel.

b) Die Merseburger Zaubersprüche

Der erste Merseburger Zauberspruch   frühgermanisch

Eiris sazun idisi, sazun hera duoder,
suma hapt heptidun, suma heri lezidun,
suma clubodun umbi cuniowidi:
insprinc haptbandun, invar vigandun!

Einstmals setzten sich Idise [Idise sind zauberstarke
Schlachtjungfrauen, den Walküren verwandt], setzten sich
hierhin, dorthin und dahin, manche Hafte hefteten [d. h.,
sie festigten die Fesseln der feindlichen Gefangenen], manche lähmten das Heer [der Feinde], manche klaubten um
heilige Fesseln [es sind die Fesseln aus Eichenzweigen, mit
denen der Priester oder König die Gefangenen umwindet,
die als Opfer für die Götter bestimmt sind; diese Fesseln
lockern die Idise]: entspring den Haftbanden, entfahr den
Feinden!

Der zweite Merseburger Zauberspruch   vorgermanisch

Vol ende Wodan vuorun zi holza,
do wart demo Balderes volon sin vuoz birenkit.
thu biguolen Sinthgunt, Sunna era swister.
thu biguolen Friia, Volla era swister,
thu biguolen Wodan, so he wola conda,

24

sose benrenki,   sose bluotrenki,
sose lidirenki:
ben zi bena,   bluot zi bluoda;
lid zi geliden,   sose gelimida sin!

Vol und Wodan ritten in den Wald. Da ward dem Fohlen
Balders sein Fuß verrenkt. Da besprach ihn Sinthgunt, [und]
Sonne, ihre Schwester. Da besprach ihn Frija, [und] Volla,
ihre Schwester, da besprach ihn Wodan, der es wohl konnte,
wie die Beinrenke, so die Blutrenke, so die Gliedrenke: Bein
zu Bein, Blut zu Blut, Glied zu Glied, als ob sie geleimt
sei'n!

c) Hildebrandslied (Anfang)   um 810

Ik gihorta dat seggen,
dat sih urhettun aenon muotin
Hiltibrant enti Hadubrant untar heriun tuem.
sunufatarungo iro saro rihtun,
garutun se iro gudhamun, gurtun sih iro swert ana,
helidos ubar hringa, do si to dero hiltiu ritun.
Hiltibrant gimahalta, her was heroro man,
ferahes frotoro, her fragen gistuont
fohem wortum fireo in folche
wer sin fater wari »eddo welihhes cnuosles du sis
ibu du mi enan sages, ik mi de odre wet,
chind, in chunincriche chud ist mir al irmindeot«.
Hadubrant gimahalta, Hiltibrantes sunu.
»dat sagetun mi usere liuti,
alte anti frote, dea erhina warun,
dat Hiltibrant haetti min fater: ih heittu Hadubrant.
forn her ostar giweit, floh her Otachres nid,
hina miti Theotrihhe enti sinero degano filu.
her furlaet in lante luttila sitten
prut in bure, barn unwahsan,
arbeo laosa, he raet ostar hina.

sid Detrihhe darba gistuontun
fateres mines. dat was so friuntlaos man,
her was Otachre ummet irri,
degano dechisto miti Deotrichhe.
her was eo folches at ente, imo was eo fehta ti leop,
chud was her chonnem mannum –
ni waniu ih iu lib habbe.«
»wettu irmingot obana ab hevane,
dat du neo dana halt mit sus sippan man
dinc ni gileitos.«

Übertragung von Friedrich von der Leyen

Ich hörte das sagen,
Daß sich Ausfordrer einzeln trafen,
Hildebrand und Hadubrand, zwischen zwein Heeren.
Sohn und Vater sahn nach der Rüstung,
Das Schlachtgewand richteten sie, gürteten die Schwerter
an,
Die Recken, über die Ringe, als sie ritten zu diesem Kampfe.
Hildebrand anhob, er war der hehrere Mann,
Erfahrener und weiser: zu fragen begann er
Mit wenigen Worten, wer der Helden im Volke
Sein Vater wäre »oder wes Geschlechtes du seist.
Sagst du mir nur einen, die andern weiß ich mir:
Kind, im Königreiche kund ist mir da männiglich.«
Hadubrand anhob, Hildebrands Sohn:
»Das sagten sie mir, unsere Leute,
Alte und weise, die eher da waren,
Daß Hildebrand hieße mein Vater; ich heiße Hadubrand.
Einst zog er gen Osten, floh des Otacker Zorn
Hin mit Dietrich und vielen seiner Degen.
Er ließ im Lande verlassen sitzen
Sein Weib im Haus, den winzigen Sohn,
Ohne Erb und Eigen, er ritt hin nach Osten.
Denn den Dietrich bedrängte das Sehnen
Nach meinem Vater. Der freundlose Mann,

Auf Otacker war er unmäßig ergrimmt,
Aber der Degen liebster dem Dietrich.
Immer ritt er an des Volkes Spitze: fechten war ihm immer
                                                    zu lieb.
Kund war er kühnen Mannen – –
Nicht glaube ich, daß er noch lebe.«
»Weiß es Allvater oben herab vom Himmel,
Daß du dennoch nie mit so Versippten
Deine Sache führtest.«

d) Das Wessobrunner Gebet   um 780

Dat gafregin ih mit firahim   firiuuizzo meista,
Dat ero ni uuas   noh ûfhimil,
noh paum . . .   noh pereg ni uuas,
ni . . . nohheinîg   noh sunna ni scein,
no mâno ni liuhta,   noh der mâreo sêo.
Dô dâr niuuiht ni uuas   enteo ni uuenteo,
enti dô uuas der eino   almahtîco cot,
manno miltisto,   enti dâr uuârun auh manake mit inan
cootlîhhe geistâ.   enti cot heilac . . .
Cot almahtîco, dû himil enti erda gauuorahtôs, enti dû
mannun sô manac coot forgâpi, forgip mir in dîno ganâdâ
rehta galaupa enti côtan uuilleon, uuîstôm enti spâhida enti
craft, tiuflun za uuidarstantanne enti arc za piuuîsanne enti
dînan uuilleon za gauurchanne.

Das erfuhr ich unter den Menschen als der Wunder größtes,
daß Erde nicht war, noch oben der Himmel,
nicht Baum . . ., noch Berg nicht war,
noch . . . irgend etwas, noch die Sonne nicht schien,
noch der Mond nicht leuchtete, noch das herrliche Meer.
Als da nichts war an Enden und Wenden,
da war der eine allmächtige Gott,
der Wesen gnädigstes, und da waren mit ihm auch viele
herrliche Geister. Und Gott der heilige . . .

Gott, allmächtiger, der du Himmel und Erde wirktest und
deinen Menschen so viel Gut gegeben, gib mir in deiner
Gnade rechten Glauben, guten Willen, Weisheit, Klugheit
und Kraft, den Teufeln zu widerstehen, Böses zu meiden
und deinen Willen zu wirken!

e) Wochentage (Hans Eggers)   1963

Verwickelt ist die Geschichte des Wortes *Samstag*, ahd.
sambaztag. Das hebräische Sabbat-Wort war in der Form
sabbaton ins Griechische gelangt, wo sich eine volkssprach-
liche Nebenform *sambaton* entwickelte. Diese muß, obwohl
die gotische Bibel nur das korrekte *sabbato* überliefert, auch
im Gotischen (und ähnlich im Altslawischen) etwa in der
Form **sambatdags* gegolten haben. Von dort wird sie zu den
Baiern gelangt sein, wie die anderen griechisch-gotischen
Wochentagsnamen. Aber auch im Westen des deutschen
Sprachgebiets und sogar in Frankreich, dessen *samedi* ebenfalls auf vulgärgriechisch *sambaton* zurückgeht, ist das Wort
bekannt, und so weit nach Westen konnte sich der späte
gotische Import unmöglich ausdehnen. Man muß daher mit
einem zweiten, westlichen Einwanderungsweg rechnen, und
dieser war wirklich gegeben. Denn im unteren Rhonetal um
Marseille, aber auch in Lyon und selbst in Trier gab es
große, einflußreiche griechische Christengemeinden. Von
diesen Zentralen aus muß sich das Sambat-Wort über Frankreich und den deutschen Südwesten ausgebreitet haben.
Neben dem Wort *Samstag*, das den deutschen Süden und
Südwesten völlig durchdrungen hat, findet sich, wie schon
erwähnt, in den küstengermanischen Mundarten die viel
ältere Bezeichnung *Saterdag*. Aber ein viel ernsthafterer
Konkurrent erwächst dem Südwort in der noch jüngeren
Bezeichnung *Sonnabend*. Dialektgeographische Untersu-
chungen von Theodor Frings haben ergeben, daß das Wort
Sonnabend anfangs nur in zwei engen Bereichen, nämlich in
Westfriesland und in Hessen-Thüringen vorkam, von wo

aus es sich dann später weit über Nieder- und Mitteldeutschland verbreitet hat. Friesland und Hessen aber waren die beiden bevorzugten Missionsgebiete der Angelsachsen im 8. Jahrhundert. Da nun im Altenglischen neben dem alten *saeternesdaeg* auch die christliche Prägung *sunnanaefen* bezeugt ist, kann es nicht anders sein, als daß ahd. *sunnûnâband* »Sonnabend« nach diesem Muster geschaffen ist. Gemeint war damit zunächst nur die kirchliche Feier (Vigilia) am Vorabend des Sonntags. Aber bald wurde der ganze Tag mit dem Namen bezeichnet, der eigentlich nur seinem Ausklang galt.

Mit der Bezeichnung *Sonnabend* sind wir sprachgeschichtlich bereits hart an die Schwelle der althochdeutschen Periode gelangt, und ein weiterer Wochentagsname führt mitten in diese Zeit hinein. Der Wodanstag, der den Namen des meistverehrten Gottes der Westgermanen bewahrte, mußte christlichen Ohren besonders anstößig klingen. Trotzdem fand man dafür lange Zeit hindurch keinen geeigneten Ersatz. Die heutige Bezeichnung *Mittwoch* ist anfangs nur im Süden greifbar, schriftlich zuerst bei Notker von St. Gallen, also erst gegen das Ende der althochdeutschen Periode bezeugt, aber doch wohl schon länger im mündlichen Gebrauch. Dieses *mittawecha* ist eine genaue Übersetzung des kirchenlateinischen, griechisch beeinflußten *media hebdomas* »Wochenmitte«, eine Bezeichnung, die noch heute in norditalienischen und rätoromanischen Mundarten als christlicher Ersatz für *Mercurii dies* vorkommt. Es ist daher sicher, daß die Bezeichnung von Süden her in das deutsche Sprachgebiet gelangte. Ob allerdings über Augsburg, wie *Aftermontag*, oder über eines der Schweizer Bistümer oder gar auf breiter Front, das läßt sich nicht sicher ermitteln. Die Art der Wortbildung freilich, eine Glied-für-Glied-Übersetzung, sieht nach gelehrter Schöpfung aus. Am ehesten wird *mittawecha* daher in einer bestimmten geistlichen Kanzlei entstanden sein. Das neue Wort hat sich dann rasch über den Süden und weiter fast über das gesamte deutsche Sprachgebiet ausgedehnt und das alte *Wodanestag* auf die nordwestlichen Randgebiete abgedrängt.

Unerschüttert stehen an Anfang an die Namen *Sonntag* und *Montag*, ahd. *sunnûntag*, *mânatag*, ae. *sunnandaeg*, *mónadaeg*. Auch sie sind natürlich den lateinischen Vorbildern *Solis dies* und *Lunae dies* (frz. *lundi*) nachgebildet und gehören zur ältesten Namensschicht. Da aber Sonne und Mond von den Germanen nicht als Götter verehrt wurden, klangen die Namen unverfänglich und blieben auch, als das Christentum an anderen Bezeichnungen Anstoß nahm, unangefochten in Geltung. Beim *Sonntag* ist das insofern bemerkenswert, als sich in romanischen Ländern unter christlichem Einfluß dafür die Bezeichnung *dies dominica* (»Tag des Herrn«, frz. *dimanche*) einbürgerte. Daß solche Versuche auch im deutschen Sprachgebiet vorkamen, beweist ahd. *frôntag* »Herrentag«, das durch Notker bezeugt ist. Aber diese Tagesbezeichnung kann höchstens landschaftliche Geltung gehabt haben, und »Tag des Herrn« wurde auf den Sprachgebrauch der Kanzel und gehobener Literatur zurückgedrängt. Im Volksbewußtsein war seit vielen Jahrhunderten die Bezeichnung *sunnûntag* offensichtlich so fest verankert, daß sich keine Neuerung dagegen durchsetzen konnte.

4. Das Mittelhochdeutsche

a) Sprache der höfischen Dichtung

Nibelungenlied (Siegfrieds Tod)   *um 1200*
(Stoff 5./6. Jh.)

Dô si wolden dannen   zuo der linden breit,
dô sprach von Tronje Hagene: »mir ist des vil geseit,
daz niht gevolgen kunde   dem Kriemhilde man,
swenner welle gâhen.   wolde er uns daz sehen lân!«

Dô sprach von Niderlande   der küene Sîfrit
»daz muget ir wol versuochen,   welt ir mir volgen mit
ze wette zuo dem brunnen.   sô daz ist getân,
man jehe dem gewinnes,   den man siht gewunnen hân.«

»Nû welle ouch wirz versuochen«,   sprach Hagene der
                                    degen.
dô sprach der starke Sîfrit: »sô wil ich mich legen
vür iuwer vüeze   nider an daz gras.«
dô er daz gehôrte,   wie liep daz Gunthere was!

Dô sprach der degen küene: »ich wil iu mêre sagen:
allez mîn gewæte   wil ich mit mir tragen,
den gêr zuo dem schilde   und mîn pirsgewant.«
den kocher zuo dem swerte   schiere er umbe gebant.

Dô zugen si diu kleider   von dem lîbe dan:
in zwein wîzen hemden   sach man si beide stân.
sam zwei wildiu pantel   si liefen durch den klê;
doch sach man bî dem brunnen   den küenen Sîfriden ê.

Den prîs an allen dingen   truoc er vor manegem man.
daz swert lôste er schiere,   den kocher leit er dan,
den starken gêr er leinde   an der linden ast:
bî des brunnen vluzze   stuont der hêrlîche gast.

Die Sîfrides tugende   wâren harte grôz.
den schilt er leite nidere,   dâ der brunne vlôz.
swie harte sô in durste,   der helt doch niht entranc,
ê der künec getrunke.   des seit er im vil bœsen danc.

Der brunne was küele,   lûter unde guot.
Gunther sich dô neigte   nider zuo der vluot.
als er hete getrunken,   dô rihte er sich von dan.
alsam het ouch gerne   der küene Sîfrit getân!

Dô engalt er sîner zühte.   den bogen und daz swert,
daz truoc allez Hagene   von im dannewert,
und spranc dâ hin widere,   dâ er den gêre vant.
er sach nâch einem bilde   an des küenen gewant.

Dô der hêrre Sîfrit   ob dem brunnen tranc,
er schôz in durch daz criuze, daz von der wunden spranc
daz bluot von dem herzen   vaste an Hagenen wât.
solher missewende   ein helt nû nimmer begât.

Der hêrre tobelîchen   von dem brunnen spranc:
im ragete von den herten   ein gêrstange lanc.
der vürste wânde vinden   bogen oder swert:
sô müeste wesen Hagene   nâch sîme dienste gewert.

Dô der sêre wunde   des swertes niht envant,
dône hete er niht mêre   wan des schildes rant;
er zucte in von dem brunnen,   dô lief er Hagenen an:
dône kunde im niht entrinnen   des künec Guntheres man.

Swie wunt er was zem tôde, sô krefteclîche er sluoc,
daz ûzer dem schilde   dræte genuoc
des edelen gesteines;   der schilt vil gar zerbrast.
sich hete gerne errochen   der vil hêrlîche gast.

Dô was gestrûchet Hagene   vor siner hant zetal.
von des slages krefte   der wert vil lûte erhal.
hete er sîn swert enhende,   sô wære ez Hagenen tôt.
sêre zurnde der wunde;   des twanc in êhaftiu nôt.

Erblichen war sîn varwe;   ern mohte niht gestên.
sînes lîbes sterke   muoste gar zergên,
wande er des tôdes zeichen   in liehter varwe truoc.
sît wart er beweinet   von schœnen vrouwen genuoc.

Als sie von dannen wollten · zu der Linde breit,
Da sprach von Tronje Hagen · »Ich hörte jederzeit,
Es könne niemand folgen · Kriemhilds Gemahl,
Wenn er rennen wolle · hei! schauten wir das einmal!«

Da sprach von Niederlanden · der Degen kühn und gut:
»Das mögt ihr wohl versuchen · wenn ihr mit mir tut
Einen Wettlauf nach dem Brunnen · Ist dies dann geschehn,
Dem soll man's zuerkennen · den wir als den Sieger sehn.«

»Wohl, laßt's auch uns versuchen« · sprach Hagen der
                                Degen.
Da sprach der starke Siegfried · »So will ich mich legen
Hier vor eure Füße · nieder in das Gras.«
Als er das erhörte · wie lieb war König Gunthern das!

Da sprach der kühne Degen · »Noch mehr will ich euch
                                sagen:
Gewand und Gewaffen · will ich bei mir tragen,
Den Wurfspieß samt dem Schilde · und all mein
                                Birschgewand.«
Das Schwert und den Köcher · um die Glieder schnell er
                                band.

Die Kleider vom Leibe · zogen die andern da:
In zwei weißen Hemden · man beide stehen sah.
Wie zwei wilde Panther · liefen sie durch den Klee;
Man sah bei dem Brunnen · den schnellen Siegfried doch eh.

Den Preis in allen Dingen · vor manchem man ihm gab.
Da löst' er schnell die Waffe · den Köcher legt' er ab,
Den starken Spieß lehnt' er · an den Lindenast.
Bei des Brunnens Flusse · stand der herrliche Gast.

Die höf'sche Zucht erwies da · Siegfried daran:
Den Schild legt' er nieder · wo der Brunnen rann;
Wie sehr ihn auch dürstete · der Held nicht eher trank,
Bis der König getrunken · dafür gewann er übeln Dank.

Der Brunnen war lauter · kühl und auch gut;
Da neigte sich Gunther · hernieder zu der Flut.
Als er getrunken hatte · erhob er sich hindann;
Also hätt' auch gerne · der kühne Siegfried getan.

Da entgalt er seiner höf'schen Zucht · den Bogen und das
                                         Schwert
Trug beiseite Hagen · von dem Degen wert.
Dann sprang er zurücke · wo er den Wurfspieß fand,
Und sah nach einem Zeichen · an des Kühnen Gewand.

Als der edle Siegfried · aus dem Brunnen trank,
Er schoß ihn durch das Kreuze · daß aus der Wunde sprang
Das Blut von seinem Herzen · an Hagens Gewand.
Kein Held begeht wohl wieder · solche Untat nach der
                                              Hand.

Den Gerschaft im Herzen · ließ er ihm stecken tief.
Wie im Fliehen Hagen · da so grimmig lief,
So lief er wohl auf Erden · nie vor einem Mann!
Als da Siegfried Kunde · der schweren Wunde gewann,

Der Degen mit Toben · von dem Brunnen sprang;
Ihm ragte von dem Herzen · eine Gerstange lang.
Nun wähnt' er da zu finden · Bogen oder Schwert,
Gewiß, so hätt' er Hagen · den verdienten Lohn gewährt.

Als der Todwunde · da sein Schwert nicht fand,
Da blieb ihm nichts weiter · als der Schildesrand.
Den rafft' er von dem Brunnen · und rannte Hagen an:
Da konnt' ihm nicht entrinnen · König Gunthers Untertan.

Wie wund er war zum Tode · so kräftig doch er schlug,
Daß von dem Schilde nieder · wirbelte genug
Des edeln Gesteines · der Schild zerbrach auch fast:
So gern gerochen hätte · sich der herrliche Gast.

Da mußte Hagen fallen · von seiner Hand zutal;
Der Anger von den Schlägen · erscholl im Widerhall.
Hätt' er sein Schwert in Händen · so wär' es Hagens Tod:
So sehr zürnte der Wunde · dazu trieb wahrlich ihn die Not.

Seine Farbe war erblichen · er konnte nicht mehr stehn.
Seines Leibes Stärke · mußte ganz zergehn,
Da er des Todes Zeichen · in lichter Farbe trug.
Er ward hernach betrauert · von schönen Frauen genug.

Übertragung von Ulrich Pretzel   1973

Als sie zu der Linde aufbrechen wollten, die sich über dem
Quell ausbreitete, sagte Hagen: »Man hat mir erzählt, daß
keiner neben Siegfried Schritt halten kann, und wenn er
noch so schnell läuft. Vielleicht gibt er uns den Beweis
dafür.«

Da schlug Siegfried vor: »Ihr könnt mich ja die Probe
ablegen lassen, wenn Ihr mit mir einen Wettlauf zu der
Quelle antreten wollt. Dann soll man dem Sieger einen Preis
zuerkennen.«

»Da müssen wir es also versuchen«, sagte Hagen. Siegfried
sagte: »Ich will mich her vor Euch ins Gras legen!« Das war
Gunther angenehm zu hören.

Der kühne Degen fuhr fort: »Ich will Euch noch etwas
sagen: ich werde auch meine ganze Ausrüstung mitschlep-
pen, meinen Ger, meinen Schild und mein Jagdgewand.«
Und schon band er sich den Köcher mitsamt dem Schwert
um.

Gunther und Hagen zogen ihre Gewänder aus; nun standen sie beide in ihrem weißen Untergewand. Und dann liefen sie wie zwei wilde Panther über die Waldwiese; aber trotzdem war Siegfried vor ihnen an der Quelle.

An Kraft und Gewandtheit trug er vor allen andern den Preis davon. Jetzt gürtete er das Schwert ab, legte den Köcher beiseite und lehnte den kräftigen Ger an einen Lindenast. So stand er, der Gast der Burgunden, ein Bild herrlichen Rittertums, an dem fließenden Quell.

Da zeigte sich seine echte Ritterlichkeit. Er hatte, wo der Quell entsprang, seinen Schild niedergelegt. Aber obwohl ihn sehr dürstete – er wollte nicht trinken, ehe der König getrunken hätte.

Der Quell war klar, kühl und rein. Gunther beugte sich nieder, um zu trinken. Als er getrunken hatte, stand er auf und drückte sich beiseite. Ich wünschte, der kühne Siegfried hätte es auch getan.

Denn jetzt erhielt er den Lohn für seine Ritterlichkeit. Seinen Bogen und sein Schwert hatte Hagen weggetragen. Nun eilte er noch zu Siegfrieds Ger, der an die Linde gelehnt stand, ergriff ihn und zielte nach dem Zeichen auf dem Gewand.

Als Siegfried über den Quell gebeugt trank, durchbohrte er ihn genau an der Stelle des Kreuzes, so daß ein starker Blutstrom sich aus dem Herzen auf Hagens Kleidung ergoß. Solchen Verrat wird heute ein Held nie wieder begehen.

Als Siegfried nunmehr in wahnsinnigem Schmerz von der Quelle aufsprang, ragte ihm noch der Gerschaft aus dem Rücken. Der Held hoffte, seinen Bogen oder sein Schwert zu finden; dann wäre Hagen seinem Dienst entsprechend gelohnt worden.

Als der zu Tode Verwundete sein Schwert nicht fand, hatte er nichts anderes zur Hand als seinen Schild, der neben der Quelle lag. Er riß ihn hoch und stürzte sich auf Hagen. Der konnte ihm nicht mehr entweichen.

Obwohl Siegfried todwund war, schlug er noch so gewaltig auf Hagen ein, daß alles Edelgestein aus dem Schilde herauswirbelte und der Schild zerbrach. Wohl hätte sich der Held gern noch gerächt.

Hagen war zu Boden gestürzt, von ihm niedergeworfen. Von der Gewalt des Schlages hallte das Gefilde laut wider. Hätte Siegfried sein Schwert zur Hand gehabt, wäre es Hagens Tod gewesen. So im tiefsten getroffen war der Verwundete; auch fühlte er, daß es schon sein Todeskampf war.

Er wurde bleich und konnte sich nicht mehr aufrecht halten. All seine Körperkraft verging, und sein bleiches Aussehen verriet schon den nahenden Tod. Viele Frauen sollten ihn später beweinen.

Walther von der Vogelweide (Liebeslyrik)   um 1200

Herzeliebez vrouwelîn,
got gebe dir hiute und iemer guot.
Kundę ich baz gedenken dîn,
des hetę ich willeclîchen muot.
Waz mac ich dir sagen mê,
wan daz dir nieman holder ist? ouwê, dâ von ist mir vil wê.

   Sie verwîzent mir daz ich
sô nidere wende mînen sanc.
Daz si niht versinnent sich
waz liebe sî, des haben undanc!
Si getraf diu liebe nie,
die nâch dem guotę und nâch der schœne minnent; wê wie
                         minnent die?

Bî der schœnę ist dicke haz:
zer schœne niemen sî ze gâch.
Liebe tuot dem herzen baz:
der liebe gêt diu schœne nâch.
Liebe machet schœne wîp:
des enmac diu schœne niht getuon, si enmachet niemer
                                                    lieben lîp.

Ich vertragę als ich vertruoc
und als ich iemer wil vertragen.
Dû bist schœnę und hâst genuoc:
waz mugen si mir dâ von gesagen?
Swaz si sagen, ich bin dir holt,
und nim dîn glesîn vingerlîn vür einer küneginne golt.

Hâstû triuwę und stætekeit,
sô bin ich sîn âne angest gar
Daz mir iemer herzeleit
mit dînem willen widervar.
Hâst aber dû der zweier niht,
sô enmüezestû mîn niemer werden. ouwê dannę, ob daz
                                                    geschiht!

vrouwelîn: Mädchen – *guot:* Glück – *baz:* besser – *des hete
ich willeclîchen muot:* dazu wäre ich gerne bereit – *wan daz:*
als daß, außer daß – *Sie verwîzent:* Sie werfen vor – *sô
nidere:* an ein Mädchen so niederen Standes – *nâch dem
guote:* um des Geldes, Vermögens willen – *Bî der schœne ist
dicke haz:* Mit der Schönheit ist oft Schlechtes verbunden –
zer schœne niemen sî ze gâch: keiner jage zu eilig nur der
äußeren Schönheit nach – *gêt . . . nâch:* steht nach – *vertrage:*
nehme hin – *glesîn vingerlîn:* Fingerring aus Glas – *stætekeit:*
Beständigkeit – *iemer:* jemals – *enmüezestû . . . niemer:*
doppelte Verneinung: kannst du niemals – *ob:* wenn.

»Undèr der linden
an der heide,
dâ unser zweier bette was,
Dá múget ir vinden
schône beide
gebrochen bluomen unde gras.
Vor dem waldę in einem tal,
tandaradei,
   schône sanc diu nahtegal.

Ich kám gegangen
zuo der ouwe:
dô was mîn vriedel kommen ê.
Dá wart ich emphangen,
hêre vrouwe,
daz ich bin sælic iemer mê.
Kustę er mich? wol tûsentstunt:
tandaradei,
   seht wie rôt mir ist der munt.

Dô hetę er gemachet
alsô rîche
von bluomen eine bettestat.
Des wirt noch gelachet
innéclîche,
kumt iemen an daz selbe phat.
Bî den rôsen er wol mac,
tandaradei,
   merken wâ mirz houbet lac.

Daz er bî mir læge,
wessę ez iemen
(nû enwelle got!), sô schamtę ich mich.
Wes er mit mir phlæge,
niemer niemen
bevinde daz, wan er und ich,
Und ein kleinez vogelîn:
tandaradei,
   daz mac wol getriuwe sîn.«

muget ir: könnt ihr – *vriedel:* Geliebter – *ê:* früher, vorher –
hêre vrouwe: Heilige Jungfrau (= Ausruf) – *saelic:* glücklich
– *phat:* Pfad – *wesse ez iemen:* wüßte es irgend jemand – *nu
enwelle got!:* das möge Gott verhüten! – *pflæge:* getan hat –
bevinde: erfahre – *getriuwe:* verschwiegen.

b) Sprache der Mystik

*Mechthild von Magdeburg: Das Fließende Licht der
Gottheit um 1260*

Der ware gottes gruos, der da kumet von dem himelschen
fluot us dem brunnen der vliessenden drivaltekeit, der hat so
grosse kraft, das er dem lichamen (»dem Leibe«) benimet
alle sine maht, und machet die sele ir selben offenbar (»läßt
die Seele sich selbst erkennen«), das si sihet sich selben den
heligen gelich und emphahet denne an sich gotlichen schin
(»nimmt den Abglanz der Gottheit an«). So scheidet die sele
von dem lichamen mit aller ir maht, wisheite, liebin und
gerunge (»Streben«); sunder das minste teil (»nur der geringste Teil«) irs lebendes belibet mit dem lichame als in eime
süezen schlaffe (»wie in einem tiefen Schlaf«). So sihet sü
einen ganzen got in driu personen und bekennet (»erkennt«)
die drie personen in einem gotte ungeteilet. So grüesset er si
mit der hovesprache (»der gepflegten Sprache der Fürsten-
höfe«), die man in dirre kuchin (»hier in der Küche«) nit
vernimet, und kleidet sü mit den kleidern, die man ze dem
palaste tragen sol, und git (»gibt«) sich in ir gewalt. So mag
sü bitten und vragen, was si wil, des wirt si beriht (»darüber
erhält sie Auskunft«). Warumbe si nit beriht wirt (»worüber
sie keine Auskunft in Worten erhält«), das ist dü erste sache
von drien. So zühet er si fürbas (»zieht er sie fort«) an eine
heimliche stat. Da muos si für nieman bitten noch fragen,
wan er wil alleine mit ir spilen (in weltlicher Sprache ein
erotischer Ausdruck) ein spil, das der lichame nit weis, noch
die dörper (»die Bauern«) bi dem phluoge noch die ritter in

dem turnei, noch sin minneklichi muoter Maria, der mag si nit gepflegen da (»die solche Seelengemeinschaft mit ihm nicht haben kann«). So swebent si fürbas an ein wunnenriche stat (»eine freudenreiche Stätte«), da ich nit vil von sprechen mag noch wil. Es ist ze notlich (»zu schwierig«); ich engetar (»ich wage es nicht«), wan ich bin ein vil sündig mönsche. Mer (»aber«) wenne der endelose got die grundelose sele bringet in die höhin, so verlüret si das ertrich (»das Erdreich, alles Irdische«) von dem wunder und bevindet nit (»weiß nicht mehr«), das si je in ertrich kam. ... Dis ist ein gruos, der hat manige adern, der dringet usser (»aus«) dem vliessenden gotte in die armen dürren selen ze allen ziten mit nüwer bekantnüsse (»mit neuer Erkenntnis«), und an nüwer beschouwunge, und in sunderliche gebruchunge (»in den besonderen Genuß«) der nüwer gegenwürtekeit. Eya, süeslicher got, fürig (»feurig«) inwendig, blüegende (»blühend«) uswendig, nu du dis den minnesten (»den Geringsten«) hast gegeben, mohte ich noch ervarn das leben, das du dinen meisten hast gegeben; darumbe wolt ich dest langer queln (»Askese üben, sich quälen«). Disen gruos mag noch muos (»kann und darf«) nieman empfan, er si denne überkomen (»überwältigt«) und ze nihte worden.

Meister Eckhart: Traktat »Von Abegescheidenheit«
um 1325

Ich hân der geschrift vil gelesen, beidiu von den heidenischen meistern und von den wîssagen und von der alten und niuwen ê, und hân mit ernste und mit ganzem vlîze gesuochet, welchiu diu hoehste und diu beste tugent sî, dâ mite der mensche sich ze gote allermeist und aller naehest gevüegen müge und mit der der mensche von gnâden werden müge, daz got ist von natûre, und dâ mite der mensche aller glîchest stande dem bilde, als er in gote was, in dem zwischen im und gote kein underscheit was, ê daz got die crêatûre geschuof. Und sô ich alle die geschrift durchgründe, als verre mîn vernunft erziugen und bekennen mac, sô envinde ich niht anders, wan daz lûteriu abegescheidenheit ob allen dingen sî, wan alle tugende hânt etwaz ûfsehennes ûf die crêatûre, sô stât abegescheidenheit ledic aller crêatûren. Dar umbe sprach unser herre ze Marthâ: »unum est necessarium«, daz ist als vil gesprochen: Marthâ, wer unbetrüebet und lûter welle sîn, der muoz haben einez, daz ist abegescheidenheit.

Die lêraere lobent die minne groezlîche, als sant Paulus tuot, der sprichet: »in waz üebungen ich mac gestân, enhân ich niht minne, sô enbin ich nihtes niht«. Sô lobe ich abegescheidenheit vür alle minne. Von êrste dar umbe, wan daz beste, daz an der minne ist, daz ist, daz si mich twinget, daz ich got minne, sô twinget abegescheidenheit got, daz er mich minne. Nû ist vil edellîcher, daz ich twinge got ze mir, dan daz ich mich twinge ze gote. Und ist daz dâ von, wan got kan sich învüeclîcher vüegen ze mir und baz vereinigen mit mir, dan ich mich künde vereinigen mit gote. Daz abegescheidenheit twinge got ze mir, daz bewaere ich dâ mite: wan ein ieclîch dinc ist gerne an sîner natiurlîchen eigen stat. Nû ist gotes natiurlîchiu eigen stat einicheit und lûterkeit, daz kumet von abegescheidenheit. Dâ von muoz got von nôt sich selber geben einem abegescheidenen herzen.

Ich habe viele Schriften gelesen sowohl der heidnischen Meister wie der Propheten, des Alten und des Neuen Testaments, und habe mit Ernst und mit ganzem Eifer danach gesucht, welches die höchste und die beste Tugend sei, mit der sich der Mensch am meisten und am allernächsten Gott verbinden und mit der der Mensch von Gnaden werden könne, was Gott von Natur ist, und durch die der Mensch in der größten Übereinstimmung mit dem Bilde stände, das er in Gott war, in dem zwischen ihm und Gott kein Unterschied war, ehe Gott die Kreaturen erschuf. Und wenn ich alle Schriften durchgründe, soweit meine Vernunft es zu leisten und soweit sie zu erkennen vermag, so finde ich nichts anderes, als daß lautere Abgeschiedenheit alles übertreffe, denn alle Tugenden haben irgendein Absehen auf die

Kreatur, während Abgeschiedenheit losgelöst von allen Kreaturen ist. Darum sprach unser Herr zu Martha: »*Unum est necessarium*« (Luk. 10, 42), das besagt soviel wie: Martha, wer unbetrübt und lauter sein will, der muß Eines haben, das ist Abgeschiedenheit.

Die Lehrer loben die Liebe in hohem Maße, wie es Sankt Paulus tut, der sagt: »Welches Tun auch immer ich betreiben mag, habe ich die Liebe nicht, so bin ich nichts« (vgl. 1. Kor. 13,1 f.). Ich hingegen lobe die Abgeschiedenheit vor aller Liebe. Zum ersten deshalb, weil das Beste, das an der Liebe ist, dies ist, daß sie mich zwingt, daß ich Gott liebe, wohingegen die Abgeschiedenheit Gott zwingt, daß er mich liebe. Nun ist es um vieles vorzüglicher, daß ich Gott zu mir zwinge, als daß ich mich zu Gott zwinge. Und das liegt daran, weil Gott sich eindringlicher zu mir fügen und besser mit mir vereinigen kann, als ich mich mit Gott vereinigen könnte. Daß Abgeschiedenheit aber Gott zu mir zwinge, das beweise ich damit, daß ein jeglich Ding gern an seiner naturgemäßen eigenen Stätte ist. Gottes naturgemäße eigene Stätte ist nun Einheit und Lauterkeit; das aber kommt von Abgeschiedenheit. Deshalb muß Gott notwendig sich selbst einem abgeschiedenen Herzen geben.

5. Das Frühneuhochdeutsche

a) Entwicklung zum »Gemeinen Teutsch«

Sebastian Brant: Das Narrenschiff   1494

Von narrechtem anslag

Der ist eyn narr der buwen wil
Vnd nit vorhyn anschlecht wie vil
Das kosten werd / vnd ob er mag
Volbringen solchs / noch sym anschlag

Vil hant groß buw geschlagen an
Vnd mõchtent nit dar by bestan
Der kunig Nabuchodonosor
Erhůb jn hochfart sich entbor
Das er Babylon die grosse statt
Durch synen gwalt gebuwen hatt
Vnd kam jm doch gar bald dar zů
Das er jm feld bleib / wie eyn ků
Nemroth wolt buwen hoch jn lufft

Eyn grossen thurn für wassers klüfft
Vnd schlůg nit an das jm zů swår
Sin buwen / vnd nit môglich wår
Es buwt nit yeder so vil vß
Als vor zyten dett Lucullus
Wer buwen will / das in nit ruw
Der bdenck sich wol / ee dann er buw
Dann manchem kumbt sin ruw zů spat
So jm der schad jnn seckel gat /
Wer ettwas groß will vnderstan
Der soll sin selbst bewerung han
Ob er môg kumen zů dem stat
Den er jm für genomen hatt
Do mit jm nit eyn gluck zů fall
Vnd werd zů spot den menschen all /
Vil weger ist / nüt vnderstan
Dann mit schad / schand / gespôt ablan /
Pyramides die kosten vil
Vnd Labyrinthus by dem Nyl /
Doch ist es als nůn langst do hyn /
Keyn buw mag lang vff erd hye syn

Aus dem Volksbuch von Doktor Faust   1587

Im dritten Gespråch erschiene dem Fausto sein Geist vnd
famulus gantz frôlich, vnd mit diesen gestibus vnd Geberden. Er gieng im Hauß vmb wie ein feuriger Mann, daß von
jm giengen lauter Fewerstramen oder Stralen, Darauff fol-
gete ein Motter vnd Geplerr, als wann die Můnch singen,
vnnd wuste doch niemand, was es fůr ein Gesang war. Dem
D. Fausto gefiel das Gauckelspiel wol, er wolte jhn auch
noch nicht in sein Losament fordern, biß er sehe, was
endtlich darauß wolt werden, vnd was es fůr ein Außgang
gewinnen vnnd haben wůrde. Bald darnach wurd ein
Getůmmel gehôrt von Spiessen, Schwertern vnd andern
Instrumenten, daß jn dunckte, man wolte das Hauß mit

stürmen einnemmen. Bald widerumb wurd ein Gejägt gehört, von Hunden und Jägern, die Hund triben vnd hetzten einen Hirschen, biß in D. Fausti Stuben, da ward er von den Hunden nidergelegt.

Darauff erschiene in D. Fausti Stuben, ein Löwe vnd Drach, die stritten mit einander, wiewol sich der Löuw tapffer wehrete, ward er dannoch vberwunden, vnd vom Drachen verschlungen. D. Fausti Famulus sagt, daß er einem Lindwurm gleich gesehen habe, am Bauch geel, weiß vnd schegget, vnd die Flügel vnnd Obertheil schwartz, der halbe Schwantz, wie ein Schnecken Hauß, krumblecht, darvon die Stuben erfüllet ...

Wider wurden gesehen hinein gehen ein schöner Pfaw, sampt dem Weiblein, die zanckten mit einander, vnd bald warden sie vertragen. Darauff sahe man einen zornigen Stier hinein lauffen, dem D. Fausto zu, der nicht ein wenig erschrack, aber wie er dem Fausto zurennt, fellet er vor jm nider, vnnd verschwindt. Hierauff ward wider gesehen ein großer alter Aff, der bot D. Fausto die Handt, sprang auff jn, liebet jn, vnd lieff die Stuben wider hinauß. Bald geschichts, daß ein grosser Nebel in der Stuben wirdt, daß D. Faustus vor dem Nebel nicht sehen kundte, so bald aber der Nebel vergienge, lagen vor jhme zween Säck, der ein war Goldt, vnd der ander Silber. Letzlich, da erhub sich ein lieblich Instrument von einer Orgel, dann die Positiff, dann die Harpffen, Lauten, Geygen, Posaunen, Schwegel, Krumbhörner, Zwerchpfeiffen vnd dergleichen (ein jeglichs mit vier Stimmen) also daß D. Faustus nicht anderst gedachte, dann er wer im Himmel, da er doch bey dem Teuffel war. Solches wehrete ein gantze Stund, daß also D. Faustus so halßstarrig war, daß jhme fürnam, es hette jne noch niemals gerewet. Vnd ist hie zusehen, wie der Teuffel so ein süß Geplerr macht, damit D. Faustus in seinem fürnemmen nicht möchte abgekehrt werden, sondern vil mehr, daß er sein furnemmen noch freudiger möchte ins Werck setzen, vnd gedencken: Nun hab ich doch nie nichts böses noch abscheuliches gesehen, sondern mehr Lust vnnd Freuwde.

Darauff gienge Mephostophiles der Geist zu D. Fausto in die Stuben hinein, in Gestallt vnnd Form eines Münchs. D. Faustus sprach zu jhme, du hast einen wunderbarlichen Anfang gemacht, mit deinen Geberden vnd Enderungen, welches mir ein grosse Freuwd gegeben, Wo du also darinn wirst verharren, solt du dich alles guts zu mir versehen. Antwort Mephostophiles, O das ist nichts, ich soll dir in andern dienen, daß du kräfftigere vnd grössere Wirckunge vnnd Weiß an mir sehen wirst, auch alles das du von mir forderst, allein daß du mir die Promission vnnd Zusagung deines Verschreibens leistest, Faustus reichte jme die Obligation dar, vnd sagte, da hast du den Brieff, Mephostophiles name den Brieff an, vnnd wolte doch von D. Fausto haben, daß er eine Copey darvon nemme, das thåt der Gottloß Faustus.

b) Lutherdeutsch

Bibelübersetzungen (Matth. 21,12–17)

1. Aus der ersten (bei Johann Mentel in Straßburg) gedruckten deutschen Bibel   1466

12 Vnd ihesus gieng in den tempel gotz vnd warff aus von dem tempel alle verkauffer vnd kauffer: vnd verkert die tisch der wechsler: vnd die stule der die do verkaufften die tauben:
13 vnd er sprach zuo in. Es ist geschriben: mein haus ist geruofen ein haus des gebets: wann ir habt es gemacht ein gruob der diebe.
14 Vnd die blinden vnd die lamen genachten sich zuo im in dem tempel: vnd er gesunt sy.
15 Wann die fursten der pfaffen vnd die schreiber die sachen die wunder die er tet: vnd die kind rieffen im tempel vnd sprachen: osanna der sun dauids: sy verunwurdigtens
16 vnd sprachen zuo im. Hörstu waz dise sagent? Wann ihesus sprach zuo in. Ia. Lasst ir denn nit wann du hast

volmacht das lob von dem munde der kinde vnd der saugenden?

17 Er ließ sy vnd gieng aus auswendig der stat in bethania: vnd belaib do vnd lert sy von dem reich gotz.

2. Aus dem *Newen Testament Deutzsch* (Septembertestament) Martin Luthers   1522

12 vnnd Jhesus gieng tzum tempel gottis hynneyn, vnd treyb eraus alle verkeuffer vnd keuffer ym tempel, vnnd sties vmb der wechsler tische, vnnd die stuele der tawben kremer,

13 vnnd sprach zu yhn, Es ist geschrieben, Meyn haus soll eyn bett haus heyssen, yr aber habt eyn morder gruben draus gemacht,

14 vnd es giengen zu yhm, blinden vnd lamen ym tempel, vnd er heylet sie.

15 Da aber die hohen priester vnd schrifftgelerten sahen die wunder, die er thett, vnnd die kinder ym tempel schreyen, Hosianna dem son dauid, wurden sie entrustet,

16 vnd sprachen zu yhm, Horistu auch, was dise sagen? Jhesus sprach zu yhn, ia, habt yhr nie gelesen, Aus dem mund der vnmundigen vnd seuglingen hastu lob zu gericht?

17 vnnd er lies sie da vnd gieng zur stadt hynaus gen Bethanien, vnd bleyb da vbir nacht.

3. Aus der Bibelausgabe Luthers   1546

12 VND Jhesus gieng zum tempel Gottes hin ein, vnd treib eraus alle Verkeuffer vnd Keuffer im Tempel, vnd sties vmb der Wechsler tische, vnd die stüle der Taubenkremer.

13 Vnd sprach zu jnen, Es stehet geschrieben, Mein Haus sol ein Bethaus heissen, Ir aber habt eine Mördergruben draus gemacht.

14 Vnd es giengen zu jm Blinden vnd Lamen im Tempel, vnd er heilete sie.

15 DA aber die Hohenpriester vnd Schrifftgelerten sahen
die Wunder, die er thet, vnd die Kinder im Tempel schreien
und sagen, Hosianna dem son Dauid, wurden sie entrü-
stet,
16 vnd sprachen zu jm, Hörestu auch was diese sagen?
Jhesus sprach zu jnen, Ja, Habt jr nie gelesen, Aus dem
munde der Vnmündigen vnd Seuglingen hastu Lob zuge-
richt?
17 Vnd er lies sie da, vnd gieng zur Stad hinaus gen Bethanien, vnd bleib daselbst.

Martin Luther: Sendbrief vom Dolmetschen   1530

Ich hab mich des geflissen ym dolmetzschen, das ich rein
und klar teutsch geben möchte. Und ist uns wol offt beget-
net, das wir viertzehen tage, drey, vier wochen haben ein
einiges wort gesücht und gefragt, habens dennoch zu weilen
nicht funden. Im Hiob erbeiten wir also, M. Philips, Auro-
gallus und ich, das wir yn vier tagen zu weilen kaum drey
zeilen kundten fertigen. Lieber, nu es verdeutscht und bereit
ist, kans ein yeder lesen und meistern, Laufft einer ytzt mit
den augen durch drey, vier bletter und stost nicht ein mal an,
wird aber nicht gewar, welche wacken und klötze da gelegen
sind, da er ytzt uber hin gehet, wie uber ein gehoffelt bret,
da wir haben müssen schwitzen und uns engsten, ehe den
wir solche wacken und klotze aus dem wege reümeten, auff
das man kündte so fein daher gehen. Es ist gut pflugen,
wenn der acker gereinigt ist. Aber den wald und die stöcke
aus rotten, und den acker zu richten, da will niemandt an. Es
ist bey der welt kein danck zu verdienen, Kan doch Got
selbs mit der sonnen, ja mit himel und erden, noch mit
seines eigen sons tod keinen danck verdienen, sie sey und
bleibt welt deß teuffels namen, weil sie ja nicht anders
will.
Also habe ich hie Roma. 3. fast wol gewist, das ym Lateinischen und krigischen text das wort »solum« nicht stehet,
und hetten mich solchs die papisten nicht dürffen leren. War

ists. Dise vier buchstaben s o l a stehen nicht drinnen, welche buchstaben die Eselskopff ansehen, wie die kue ein new thor, Sehen aber nicht, das gleichwol die meinung des text ynn sich hat, und wo mans wil klar und gewaltiglich verteutschen, so gehoret es hinein, denn ich habe deutsch, nicht lateinisch noch kriegisch reden wollen, da ich teutsch zu reden ym dolmetzschen furgenomen hatte. Das ist aber die art unser deutschen sprache, wenn sie ein rede begibt, von zweyen dingen, der man eins bekennet, und das ander verneinet, so braucht man des worts »solum« (allein) neben dem wort »nicht« oder »kein«, Als wenn man sagt: Der Baur bringt allein korn und kein geldt, Nein, ich hab warlich ytzt nicht geldt, sondern allein korn. Ich hab allein gessen und noch nicht getruncken. Hastu allein geschrieben und nicht uberlesen? Und der gleichen unzeliche weise yn teglichen brauch.

In disen reden allen, obs gleich die lateinische oder kriechische sprach nicht thut, so thuts doch die deutsche, und ist yhr art, das sie das wort »allein« hinzu setzt, auff das das wort »nicht« odder »kein« deste volliger und deutlicher sey, Denn wie wol ich auch sage, Der Baur bringt korn und kein geld, So laut doch das wort »kein geldt« nicht so vollig und deutlich, als wenn ich sage: »Der Baur bringt allein korn und kein geldt«, und hilfft hie das wort »Allein« dem wort »kein« so viel, das es ein vollige Deutsche klare rede wird, den man mus nicht die buchstaben inn der lateinischen sprachen fragen, wie man sol Deutsch reden, wie diese esel thun, sondern, man mus die mutter jhm hause, die kinder auff der gassen, den gemeinen man auff dem marckt drumb fragen, und den selbigen auff das maul sehen, wie sie reden, und darnach dolmetzschen, so verstehen sie es den und mercken, das man Deutsch mit jn redet.

Als wenn Christus spricht: Ex abundantia cordis os loquitur. Wenn ich den Eseln sol folgen, die werden mir die buchstaben furlegen, und also dolmetzschen: Auß dem uberflus des hertzen redet der mund. Sage mir, Ist das deutsch geredt? Welcher deutscher verstehet solchs? Was ist

uberflus des hertzen fur ein ding? Das kan kein deutscher
sagen, Er wolt denn sagen, es sey das einer allzu ein gros
hertz habe oder zu vil hertzes habe, wie wol das auch noch
nicht recht ist: denn uberflus des hertzen ist kein deutsch, so
wenig, als das deutsch ist, Uberflus des hauses, uberflus des
kacheloffens, uberflus der banck, sondern also redet die
mütter ym haus und der gemeine man: Wes das hertz vol ist,
des gehet der mund uber, das heist gut deutsch geredt, des
ich mich geflissen, und leider nicht allwege erreicht noch
troffen habe, Denn die lateinischen buchstaben hindern aus
der massen, seer gut deutsch zu reden.

6. Das Neuhochdeutsche I: Barock und Aufklärung

a) Kunst- und Gelehrtensprache

*Andreas Gryphius: An den großgünstigen Leser (Vorrede zu
dem Trauerspiel »Cardenio und Celinde«)   1657*

Großgünstiger vnd Hochgeehrter Leser.

Als ich von Straßburg zurück in Niederland gelanget / vnd
zu Ambsterdam bequemer Winde nacher Deutschland
erwartet / hat eine sehr werthe Gesellschafft etlicher auch
hohen Standes Freunde / mit welchen ich theils vor wenig
Jahren zu Leiden / theils auff vnterschiedenen Reisen in
Kundschafft gerathen / mich zu einem Panquet / welches sie
mir zu Ehren angestellet / gebeten. Als bey selbtem nach
allerhand zugelassener Kurtzweilen / man endlich auff
Erzehlung vnterschiedener Zufälle gerathen / vnd damit
einen zimlichen Theil der Nacht verzehret / hab ich mich
entschlossen Abschied zu nehmen / vnd in mein damaliges
Wirthshaus zu eilen. Wolgedachte meine Liebesten wolten /
was ich auch bitten oder einwenden möchte nicht vnterlas-
sen mich biß nach Hause / durch die so weite Stadt zu

begleiten / vnd geriethen so bald sie auff die Gassen kommen wieder auff jhr voriges Geschicht-Gespräch / dabey mir auff jhr anhalten Anlaß gegeben / den Verlauff dieser zwey vnglücklich Verliebeten zu erzehlen. Die Einsamkeit der Nacht / die langen Wege / der Gang über den einen Kirch-Hof vnd andere Umbstände machten sie so begierig auffzumercken: Als frembde jhnen diese deß Cardenio Begebnüß / welche man mir in Italien vor eine wahrhaffte Geschicht mitgetheilet / vorkommen / daß sie auch nach dem ich mein Reden geendet / von mir begehren wollen jhnen den gantzen Verlauff schrifftlich mitzutheilen. Ich der nach vielem abschlagen / mich überreden lassen / Freunden zu gefallen eine Thorheit zu thun / hab endlich versprochen jhnen wie in andern Begnügungen also auch mit dieser nicht zu entfallen / bin aber doch bald anderer Meynung worden / vnd habe stat einer begehrten Geschicht-Beschreibung gegenwärtiges Trauer-Spiel auffgesetzet / bey welchem ich weil es durch vieler Hände gehen / vnd manch scharffes Urtheil außstehen wird / eines vnd andere nothwendig erinnern muß. Zu förderst aber wisse der Leser / daß es Freunden zu gefallen geschrieben / welche die Geschichte sonder Poetische Erfindungen begehret. Die Personen so eingeführet sind fast zu niedrig vor ein Traur-Spiel / doch hätte ich diesem Mangel leicht abhelffen können / wenn ich der Historien die ich sonderlich zu behalten gesonnen / etwas zu nahe treten wollen / die Art zu reden ist gleichfalls nicht viel über die gemeine / ohn daß hin vnd wieder etliche hitzige vnd stechende Wort mit vnter lauffen / welche aber den Personen / so hier entweder nicht klug / oder doch verliebet / zu gut zu halten. Was nun in oberzehlten Stücken abgehet / wird wie ich verhoffe der schreckliche Traur-Spiegel welcher bey den Verliebeten vorgestellet / wie auch deß Cardenio verwirretes Leben / genungsam ersetzen.

August Hermann Francke: Erziehung in der Zucht und
Vermahnung zum Herrn   1702

Mit Lesung der heiligen Schrifft sind zwar einiger maasen
verknüpffet die fleißigen Ermahnungn / doch ist hiervon
etwas absonderlich (»im besonderen«) zu melden / als von
einem besondern Mittel / davon Paulus Eph. 6 schreibet:
Zieht die Kinder auff in der Zucht und in der Vermahnung
zum Herrn. Und zwar hierzu wird erfordert (a) daß sie
deutlich und verständlich / damit sich die Kinder fein recht
und eigentlich darnach zu richten wissen / fürgetragen werden. (b) Daß sie nicht mit Ungestüm und Pochen / sondern
mit Sanfftmuth und Lindigkeit für gebracht werden / es sey
dann / daß solches schon öffters geschehen / und die
Umstände eine ernsthaffte / doch nicht verstellete Mine
erfordern wolten. Sonst werden die Kinder gleich anfangs
durch ein ungestümes Bezeugen erschrecket / daß sie die
Ermahnung darnach nicht so eigentlich fassen / oder zum
wenigsten nicht mit so gutem Willen auffnehmen. (c) Muß
mann in solchen Ermahnungen nicht ermüden. Denn man
soll nach der Vermahnung Pauli die Kinder in der Zucht und
Vermahnung zum HErrn aufferziehen / welches nicht mit
einer oder der andern Ermahnung gethan ist. Erinnert doch
Paulus die Erwachsenen / daß sie sich ... alle Tage untereinander ermahnen sollen / damit nicht jemand unter ihnen
verstocket werde durch Betrug der Sünde Hebr. III, 13. Wie
solte solches nicht auch bey der unerfahrnen Jugend nöthig
seyn. So der Informator nur hierinnen Verstand gebrauchet /
mag Er wol auff so vielerley Art die Ermahnung einrichten /
daß den Kindern solche öfftere Ermahnung nicht verdrüß-
lich wird / und sie auch dieselbe nicht ohne Auffmercksam-
keit und Erbauung vorbey streichen lassen. (d) Ist auch
daran viel gelegen / daß ein Informator die rechte Zeit
zuermahnen wol beobachte. e. g. ist die Morgen und
Abend-Zeit hierzu sehr bequehm. Jene weil das Gemüth
noch nicht ermüdet ist; diese weil man da die beste Gelegenheit findet / ihnen fürzuhalten / worinnen sie es des Tages

über versehen / dahin auch die Beschliessung einer jeden
Woche gehöret ... (e) ist auch sehr nützlich / daß man seine
Ermahnungen auff die heilige Schrifft gründe / damit die
Kinder immer sehen / daß es nicht nur ihres Informatoris /
sondern GOttes Willen sey / daß sie es thun GOtt / und nicht
Menschen zugefallen.

*Christian Wolff: Nachricht über die Welt-Weisheit in
deutscher Sprache   1733*

Warum
der Autor
deutsch ge-
schrieben?

Die erste
Ursache.

Die
andere.

Die dritte.

§. 15. Daß ich aber von der Welt-Weisheit in deutscher Sprache schrieb, dazu hatte ich mehr als eine
Ursache. Auf der Universität, wo ich die Welt-Weisheit lehrete, war es eingeführet, daß der Vortrag in
den Collegiis in deutscher Sprache geschahe. Und
also konte ich nicht wohl von dieser Gewohnheit
abgehen, fand auch mehr Gründe vor mich, warum
ich dabey verblieb, als daß ich davon abwiche, ob ich
gleich in Leipzig gewohnet war mich der lateinischen
Sprache in meinen Collegiis zu bedienen. Denn es ist
nicht zu leugnen, daß heute zu Tage viele auf Univer-
sitaeten kommen, welche in der lateinischen Sprache
es nicht so weit gebracht, daß sie den lateinischen
Vortrag verstehen können, und die wenigsten sind
darinnen so geübet, daß sie, was lateinisch vorgetragen wird, eben so wohl verstünden, als wenn man es
ihnen in ihrer Mutter-Sprache vorgetragen hätte. Da
es nun in Wissenschafften nicht auf die Worte, sondern auf die Sachen ankommet, und man nicht darauf
zu sehen hat, wenn man sie andern vortragen soll,
daß sie Worte ins Gedächtnis fassen, sondern daß
man ihnen einen Begriff von der Sache beybringe; so
ist es nicht unbillig sich in diesem Stücke nach der
Fähigkeit der Zuhörer zu richten. Am allerwenigsten
aber halte ich wohl gethan zu seyn, wenn man einige
gar entweder versäumen, oder von der Erlernung der
Wissenschafften wegtreiben wollte, weil sie das Un-

glück gehabt in ihren Schul-Jahren in der Latinität versäumet zu werden. Hierzu kam noch dieses, daß Die vierte. mir bekandt war, wie sich aus deutschen Schrifften auch andere erbauen, welche nicht studiret haben, und es öffters in Wissenschafften andern zuvor thun, die studiret haben. Und auf diese richtete ich zugleich mein Absehen, und mir sind auch Exempel bekandt, daß ich in diesem Stücke meinen Zweck erreichet habe.

§. 16. Da ich mir nun vorgenommen hatte von der Warum der Welt-Weisheit in deutscher Sprache zu schreiben; so Autor rein schrieb ich auch auf eine solche Weise, wie es eine deutsch reine deutsche Mund-Art mit sich bringet. Ich habe geschrieben? mich nicht allein von ausländischen Wörtern enthal- Wie er ten, die man heute zu Tage in unsere deutsche Spra- solches che häuffig mit einzumengen pfleget, sondern auch bewerck- alle Redens-Arten vermieden, die unserer deutschen stelliget. Mund-Art nicht gemäß, und bloß Ubersetzungen von Redens-Arten sind, die man aus fremden Sprachen entlehnet. Eben so habe ich keine lateinische Wörter mit untergemenget, weil diese sich so wenig in die deutsche Sprache, als die deutschen in die lateinische schicken. Der gemeine Gebrauch ent- Erste schuldiget nicht: eine Gewohnheit muß vernünfftig Ursache. seyn und einen guten Grund vor sich haben, wenn man sich darnach achten soll. Uber dieses erforderte Andere es mein Zweck, den ich mir vorgesetzet hatte, daß Ursache auch andere meine Schrifften lesen solten, die nicht davon. studiret und niemahls lateinisch gelernet haben. Ja da Dritte unsere deutsche Sprache nicht so arm ist, daß sie aus Ursache. andern Sprachen Wörter und Redens-Arten entlehnen muß; so ist gar keine Noth vorhanden, warum wir fremde Wörter und Redens-Arten darein bringen Daß die wollen. Ich habe gefunden, daß unsere Sprache zu deutsche Wissenschafften sich viel besser schickt als die lateini- Sprache sche, und daß man in der reinen deutschen Sprache zum Philo- vortragen kan, was im Lateinischen sehr barbarisch sophiren geschickt.

klinget. Derowegen habe ich die barbarischen Kunst-Wörter der Schul-Weisen rein deutsch gegeben: Denn es gilt einem Anfänger gleich viel, ob er das Kunst-Wort deutsch oder lateinisch lernet, und, wer studiret, kan das lateinische Kunst-Wort sowohl als bey andern Wörtern das lateinische lernen.

b) Sprache der Dichtung

Hans Jakob Christoffel von Grimmelshausen: Der Abentheuerliche Simplicissimus Teutsch   1668

Ja ich war so perfect und vollkommen in der Unwissenheit / daß mir unmüglich war zu wissen / daß ich so gar nichts wuste. Ich sage noch einmal / O edles Leben / das ich damals führete! Aber mein Knan wolte mich solche Glückseeligkeit nicht länger geniessen lassen / sondern schätzte billich seyn / daß ich meiner Adelichen Geburt gemäß / auch Adelich thun und leben solte / derowegen fienge er an / mich zu höhern Dingen anzuziehen / und mir schwerere Lectiones auffzugeben.

Das II. Capitel.

Er begabte mich mit der herrlichsten Dignität / so sich nicht allein bey seiner Hofhaltung / sondern auch in der gantzen Welt befande / nemlich mit dem Hirten-Ampt: Er vertraut mir erstlich seine Säu / zweytens seine Ziegen / und zuletzt seine gantze Heerd Schaf / daß ich selbige hüten / waiden / und vermittelst meiner Sackpfeiffen (welcher Klang ohne das / wie Strabo schreibet / die Schaf und Lämmer in Arabia fett macht) vor dem Wolff beschützen solte; damal gleichete ich wol dem David / ausser daß jener / an statt der Sackpfeiffe / nur eine Harpffe hatte / welches kein schlimmer Anfang / sondern ein gut Omen für mich war / daß ich noch mit der Zeit / wann ich anders das Glück darzu hätte / ein Weltberühmter Mann werden solte; dann von Anbegin der Welt seynd jeweils hohe Personen Hirten gewesen / wie wir dann vom Abel / Abraham / Isaac / Jacob / seinen Söhnen / und Moyse selbst / in H. Schrifft lesen / welcher zuvor seines Schwehers Schaf hüten muste / ehe er Heerführer und Legislator über 600000 Mann in Israel ward. Ja / möchte mir jemand vorwerffen / das waren heilige Gott-ergebene Menschen / und keine Spesserter Baurenbuben / die von GOtt nichts wusten; Ich muß gestehen / aber was hat meine damalige Unschuld dessen zu entgelten? bey den alten Heyden fande man so wol solche Exempla, als bey dem außerwehlten Volck Gottes: Unter den Römern seynd vornehme Geschlechter gewesen / so sich ohn Zweiffel Bubulcos, Statilios, Pomponios, Vitulos, Vitellios, Annios, Capros, und dergleichen genennet / weil sie mit dergleichen Viehe umbgangen / und solches auch vielleicht gehütet: Zwar Romulus und Remus seyn selbst Hirten gewest; Spartacus, vor welchem sich die gantze Römische Macht so hoch entsetzet / war ein Hirt. Was? Hirten sind gewesen (wie Lucianus in seinem Dialogo Helenae bezeuget) Paris, Priami deß Königs Sohn / und Anchises, deß Trojanischen Fürsten Aeneae Vatter: Der schöne Eudimion, umb welchen die keusche Luna selbst gebulet / war auch ein Hirt: Item der greuliche Polyphemus: ja die Götter selbst (wie Phornutus sagt) haben sich dieser Profession nicht geschämt / Apollo hütet Admeti deß Königs in Thessalia Kühe / Mercurius, sein Sohn Daphnis, Pan und Protheus, waren Ertzhirten / dahero seynd sie noch bey den närrischen Poëten der Hirten Patronen; Mesa, König in Moab / ist / wie man im zweyten Buch der König lieset / ein Hirt gewesen / Cyrus der gewaltige König Persarum, ist nicht allein von Mithridate, einem Hirten / erzogen worden / sondern hat auch selbst gehütet: Gygas war ein Hirt / und hernach durch Krafft eines Rings ein König: Ißmael Sophj ein Persischer König / hat in seiner Jugend ebenmässig das Viehe gehütet / also daß Philo der Jud in vita Moysis trefflich wol von der Sach redet / wann er sagt: Das Hirten-Ampt sey ein Vorbereitung und Anfang zum Regiment; dann gleich wie die Bellicosa und Martialia Inge-

nia erstlich auff der Jagd geübt und angeführt werden / also
soll man auch die jenige / so zum Regiment gezogen sollen
werden / erstlich in dem lieblichen und freundlichen Hirten-
Ampt anleiten. Welches alles mein Knan wol verstanden
haben muß / und mir noch biß auff diese Stund keine geringe
Hoffnung zu künfftiger Herrlichkeit macht.

Andreas Gryphius: Es ist alles eitel   1657

Du sihst / wohin du sihst nur eitelkeit auff erden.
  Was dieser heute bawt / reist jener morgen ein:
  Wo itzund städte stehn / wird eine wiesen sein
Auff der ein schäffers kind wird spilen mitt den heerden.
Was itzund prächtig blüht sol bald zutretten werden.
  Was itzt so pocht vndt trotzt ist morgen asch vnd bein.
  Nichts ist das ewig sey / kein ertz kein marmorstein.
Itz lacht das gluck vns an / bald donnern die beschwerden.
  Der hohen thaten ruhm mus wie ein traum vergehn.
  Soll den das spiell der zeitt / der leichte mensch bestehn.
Ach! was ist alles dis was wir für köstlich achten /
  Als schlechte nichtikeitt / als schaten staub vnd windt.
  Als eine wiesen blum / die man nicht wiederfindt.
Noch wil was ewig ist kein einig mensch betrachten.

Barthold Hinrich Brockes: Nacht-Wanderer   1738

Wenn ich der Menschen Thun betrachte,
Auf ihren Zweck, den Trieb und ihre Wirckung achte;
So kommt ihr gantzes Leben mir
Nicht anders, als das Thun mondsücht'ger Wandrer für.

    Dieselben thun verschied'ne Sachen,
Der festen Meynung, daß sie wachen:
Sie steigen, klettern, gehen, stehn,
Sie glauben, daß sie hören, sehn;
Da sie doch wircklich taub und blind
Für alles, und nur bloß für eins empfindlich sind.

So geht es leider auf der Welt:
Der eine Theil von uns strebt nach der Ehre Wind;
Der andre läuft und rennt: Was sucht er? nichts als Geld;
Der dritte, mit entflammter Brust,
Sucht bloß bey Wein und Weibern Lust.

Ein jeder ist so sehr auf seinen Zweck erpicht,
Daß er nichts anders sieht noch höret,
Empfindet, achtet, noch begehret.
Einfolglich ist, was ist, für ihn, als wär' es nicht.
Wir sehen das, was unser GOtt geschaffen,
Nicht anders an, als wenn wir schlaffen,
Denn minder, als verschied'ne wachend sehn
Des Schöpfers Werck, kann es im Schlafe kaum geschehn.

Erwache doch, geliebter Mensch! die Pracht
Der Creatur, des Himmels Licht,
Der Glantz und Nutz der Fluth, der Schmuck und Nutz der
Erden
Verdient, erfordert es, daß sie betrachtet werden,
Zum Preise Des, der sie gemacht.
Es will und heischt es unsre Pflicht:
Denn wo man nicht auf diese Weis' erwacht,
Versincket man gewiß in eine ew'ge Nacht.

7. Das Neuhochdeutsche II: Klassik und Romantik

a) Künstlerische Texte

Johann Wolfgang Goethe: Wandrers Nachtlied   1776

Der du von dem Himmel bist,
Alles Leid und Schmerzen stillest,
Den, der doppelt elend ist,
Doppelt mit Erquickung füllest,

Ach ich bin des Treibens müde!
Was soll all der Schmerz und Lust?
Süßer Friede,
Komm, ach komm in meine Brust!

Joseph von Eichendorff: Nachtgebet   1837

Es rauschte leise in den Bäumen,
Ich hörte nur der Ströme Lauf,
Und Berg und Gründe, wie aus Träumen,
Sie sahn so fremd zu mir herauf.

Drin aber in der stillen Halle
Ruht' Sang und Plaudern müde aus,
Es schliefen meine Lieben alle,
Kaum wieder kannt' ich nun mein Haus.

Mir war's, als lägen sie zur Stunde
Gestorben, bleich im Mondenschein,
Und schauernd in der weiten Runde
Fühlt' ich auf einmal mich allein.

So blickt in Meeres öden Reichen
Ein Schiffer einsam himmelan –
O Herr, wenn einst die Ufer weichen,
Sei gnädig Du dem Steuermann!

b) Texte zum Künstler und zur Kunst

Friedrich Schiller: Naivetät des wahren Genies   1795/96

Naiv muß jedes wahre Genie seyn, oder es ist keines. Seine
Naivetät allein macht es zum Genie, und was es im Intellek-
tuellen und Ästhetischen ist, kann es im Moralischen nicht
verläugnen. Unbekannt mit den Regeln, den Krücken der
Schwachheit und den Zuchtmeistern der Verkehrtheit, bloß

von der Natur oder dem Instinkt, seinem schützenden Engel, geleitet, geht es ruhig und sicher durch alle Schlingen des falschen Geschmackes, in welchen, wenn es nicht so klug ist, sie schon von weitem zu vermeiden, das Nichtgenie unausbleiblich verstrickt wird. Nur dem Genie ist es gegeben, ausserhalb des Bekannten noch immer zu Hause zu seyn, und die Natur zu *erweitern*, ohne über sie *hinauszugehen*. Zwar begegnet letzteres zuweilen auch den größten Genies, aber nur, weil auch diese ihre phantastischen Augenblicke haben, wo die schützende Natur sie verläßt, weil die Macht des Beyspiels sie hinreißt, oder der verderbte Geschmack ihrer Zeit sie verleitet.

Die verwickeltsten Aufgaben muß das Genie mit anspruchsloser Simplicität und Leichtigkeit lösen; das Ey des Columbus gilt von jeder genialischen Entscheidung. Dadurch allein legitimiert es sich als Genie, daß es durch Einfalt über die verwickelte Kunst triumphiert. Es verfährt nicht nach erkannten Prinzipien sondern nach Einfällen und Gefühlen; aber seine Einfälle sind Eingebungen eines Gottes (alles was die gesunde Natur thut ist göttlich) seine Gefühle sind Gesetze für alle Zeiten und für alle Geschlechter der Menschen.

Den kindlichen Charakter, den das Genie in seinen Werken abdrückt, zeigt es auch in seinem Privat-Leben und in seinen Sitten. Es ist *schaamhaft*, weil die Natur dieses immer ist; aber es ist nicht *decent*, weil nur die Verderbniß decent ist. Es ist *verständig*, denn die Natur kann nie das Gegentheil seyn; aber es ist nicht *listig*, denn das kann nur die Kunst seyn. Es ist seinem Charakter und seinen Neigungen *treu*, aber nicht sowohl weil es Grundsätze hat, als weil die Natur bey allem Schwanken immer wieder in die vorige Stelle rückt, immer das alte Bedürfniß zurück bringt. Es ist *bescheiden*, ja blöde, weil das Genie immer sich selbst ein Geheimniß bleibt, aber es ist nicht ängstlich, weil es die Gefahren des Weges nicht kennt, den es wandelt. Wir wissen wenig von dem Privatleben der größten Genies, aber auch das wenige, was uns z. B. von Sophokles, von Archimed, von

Hippokrates, und aus neueren Zeiten von Ariost, Dante und Tasso, von Raphael, von Albrecht Dürer, Zervantes, Shakespear, von Fielding, Sterne u. a. aufbewahrt worden ist, bestätigt diese Behauptung.

August Wilhelm Schlegel: Poesie als Sprache der Natur 1795

Der Tanz hat in allen seinen Gestalten, von der einfachsten Natur bis zu den sinnreichsten Erweiterungen der Kunst, vom Freudensprunge des Wilden bis zum noverrischen Ballet, nie die Begleitung der Musik entbehren gelernt. Dagegen bestehen jetzt Poesie und Musik ganz unabhängig von einander: ihre Werke bilden sich vereinzelt in den Seelen verschiedner, oft sich mißverstehender Künstler, und müssen absichtlich darauf gerichtet werden, durch die Täuschung des Vortrages wieder eins zu scheinen. Es ist mit diesen Künsten wie mit den Gewerben ergangen. In den altväterlichen Zeiten trieb jeder sie alle für seine eigne Nothdurft; mit dem Fortgange der geselligen Ausbildung schieden sie sich mehr und mehr. Der absondernde Verstand hat sich selbst an dem Eigenthume des Dichtungsvermögens geübt, dessen Wirksamkeit im Verknüpfen besteht. Je mehr er die Oberhand gewinnt, desto mehr gelingt es ihm, jeden Zusammenhang zu lösen, der sich nicht auf die Begriffe zurückführen läßt. Alsdann spielt er gern den Ungläubigen, und behauptet, was seine Geschäftigkeit zerstört hat, sei nie wirklich vorhanden gewesen. Aber der geheimste Zusammenhang ist oft auch der innigste; eben weil er nicht auf dem, was der Begriff erschöpft, sondern auf solchen Beschaffenheiten der Dinge beruht, welche nur durch die unmittelbare Anschauung aufgefaßt werden können, das heißt, auf ihrem eigentlichen Leben. Wir dürfen ihn nicht wegzuklügeln suchen, weil wir ihn bloß fühlen: denn was nicht ist, kann nicht auf uns wirken.

Die Sprache, die wunderbarste Schöpfung des menschlichen Dichtungsvermögens, gleichsam das große, nie vollendete

Gedicht, worin die menschliche Natur sich selbst darstellt, bietet uns von dem, was ich eben sagte, ein auffallendes Beispiel dar. So wie sie auf der einen Seite, vom Verstande bearbeitet, an Brauchbarkeit zu allen seinen Verrichtungen zunimmt, so büßt sie auf der andern an jener ursprünglichen Kraft ein, die im nothwendigen Zusammenhange zwischen den Zeichen der Mittheilung und dem Bezeichneten liegt. So wie die gränzenlose Mannichfaltigkeit der Natur in abgezognen Begriffen verarmt, so sinkt die lebendige Fülle der Töne immer mehr zum todten Buchstaben hinab. Zwar ist es unmöglich, daß dieser jene völlig verdrängen sollte, weil der Mensch immer ein empfindendes Wesen bleibt, und sein angeborner Trieb, Andern von seinem innersten Dasein Zeugniß zu geben, und es dadurch in ihnen zu vervielfältigen (wie sehr ihn auch die Herrschaft des Verstandes, der sein Wesen, so zu sagen, immer außer uns treibt, schwächen möge), doch nie ganz verloren gehen kann. Allein in den gebildeten Sprachen, hauptsächlich in der Gestalt, wie sie zum Vortrage der deutlichen Einsicht, der Wißenschaft gebraucht werden, wittern wir kaum noch einige verlorne Spuren ihres Ursprunges, von welchem sie so unermeßlich weit entfernt sind; wir können sie fast nicht anders, als wie eine Sammlung durch Uebereinkunft festgesetzter Zeichen betrachten. Indessen liegt doch jene innige, unwiderstehliche, eingeschränkte, aber selbst in ihrer Eingeschränktheit unendliche Sprache der Natur in ihnen verborgen; sie muß in ihnen liegen: nur dadurch wird eine Poesie möglich. Der ist ein Dichter, der die unsichtbare Gottheit nicht nur entdeckt, sondern sie auch Andern zu offenbaren weiß; und der Grad von Klarheit, womit dieß noch in einer Sprache geschehen kann, bestimmt ihre poetische Stärke.

8. Das Neuhochdeutsche III: Sprache des Bürgertums

a) Beispiele aus dem 19. Jahrhundert

Johann Gottfried Herder: Von den Lebensaltern einer Sprache 1766

So wie der Mensch auf verschiedenen Stuffen des Alters erscheinet: so verändert die Zeit alles. Das ganze Menschengeschlecht, ja die todte Welt selbst, jede Nation, und jede Familie haben einerlei Gesezze der Veränderung: vom Schlechten zum Guten, vom Guten zum Vortreflichen, vom Vortreflichen zum Schlechtern, und zum Schlechten: dieses ist der Kreislauf aller Dinge. So ists mit jeder Kunst und Wissenschaft: sie keimt, trägt Knospen, blüht auf, und verblühet. So ists auch mit der Sprache. Daß man dies bisher so wenig als möglich unterschieden, daß man diese Zeitalter beständig verwirret, werden die Plane zeigen, die man so oft macht, um eine Stuffe aus der andern ausbilden zu wollen: man reifet das Kind zu früh zum Milchhaar des Jünglings; den muntern Jüngling fesselt man durch den Ernst des Mannes, und der Greis soll wieder in seine vorige Kindheit zurückkehren; oder gar eine Sprache soll auf einmal die Tugenden aller Alter an sich haben. Verkehrte Versuche, die schädlich würden, wenn nicht die Natur mit vielen nachtheiligen Entwürfen einen Grad von Schwäche verbunden hätte, der sie zurückhält. Ein junger Greis, und ein Knabe, der ein Mann ist, sind unleidlich, und ein Ungeheuer, das alles auf einmal seyn will, ist nichts ganz.

Eine Sprache in ihrer Kindheit bricht wie ein Kind, einsylbichte, rauhe und hohe Töne hervor. Eine Nation in ihrem ersten wilden Ursprunge starret, wie ein Kind, alle Gegenstände an; Schrecken, Furcht und alsdenn Bewunderung sind die Empfindungen, derer beide allein fähig sind, und die Sprache dieser Empfindungen sind Töne, – und Geberden. Zu den Tönen sind ihre Werkzeuge noch ungebraucht: folglich sind jene hoch und mächtig an Accenten; Töne und

Geberden sind Zeichen von Leidenschaften und Empfindungen, folglich sind sie heftig und stark: ihre Sprache spricht für Auge und Ohr, für Sinne und Leidenschaften: sie sind größerer Leidenschaften fähig, weil ihre Lebensart voll Gefahr und Tod und Wildheit ist: sie verstehen also auch die Sprache des Affects mehr, als wir, die wir dies Zeitalter nur aus spätern Berichten und Schlüssen kennen; denn so wenig wir aus unsrer ersten Kindheit Nachricht durch Erinnerung haben, so wenig sind Nachrichten aus dieser Zeit der Sprache möglich, da man noch nicht sprach, sondern tönete; da man noch wenig dachte, aber desto mehr fühlte; und also nichts weniger als schrieb.

So wie sich das Kind oder die Nation änderte: so mit ihr die Sprache. Entsezzen, Furcht und Verwunderung verschwand allmälich, da man die Gegenstände mehr kennen lernte; man ward mit ihnen vertraut und gab ihnen Namen, Namen, die von der Natur abgezogen waren, und ihr so viel möglich im Tönen nachahmten. Bei den Gegenständen fürs Auge muste die Geberdung noch sehr zu Hülfe kommen, um sich verständlich zu machen: und ihr ganzes Wörterbuch war noch sinnlich. Ihre Sprachwerkzeuge wurden biegsamer, und die Accente weniger schreyend. Man sang also, wie viele Völker es noch thun und wie es die alten Geschichtschreiber durchgehends von ihren Vorfahren behaupten. Man pantomimisirte, und nahm Körper und Geberden zu Hülfe: damals war die Sprache in ihren Verbindungen noch sehr ungeordnet und unregelmäßig in ihren Formen.

Das Kind erhob sich zum Jünglinge: die Wildheit senkte sich zur Politischen Ruhe: die Lebens- und Denkart legte ihr rauschendes Feuer ab: der Gesang der Sprache floß lieblich von der Zunge herunter, wie dem Nestor des Homers, und säuselte in die Ohren. Man nahm Begriffe, die nicht sinnlich waren, in die Sprache; man nannte sie aber, wie von selbst zu vermuthen ist, mit bekannten sinnlichen Namen; daher müssen die ersten Sprachen Bildervoll, und reich an Metaphern gewesen seyn.

Wilhelm von Humboldt: Über das wirkliche Wesen der Sprache   1830/35

Die Sprache, in ihrem wirklichen Wesen aufgefasst, ist etwas beständig und in jedem Augenblicke Vorübergehendes. Selbst ihre Erhaltung durch die Schrift ist immer nur eine unvollständige, mumienartige Aufbewahrung, die es doch erst wieder bedarf, dass man dabei den lebendigen Vortrag zu versinnlichen sucht. Sie selbst ist kein Werk (Ergon), sondern eine Thätigkeit (Energeia). Ihre wahre Definition kann daher nur eine genetische seyn. Sie ist nemlich die sich ewig wiederholende Arbeit des Geistes, den articulirten Laut zum Ausdruck des Gedanken fähig zu machen. Unmittelbar und streng genommen, ist dies die Definition des jedesmaligen Sprechens; aber im wahren und wesentlichen Sinne kann man auch nur gleichsam die Totalität dieses Sprechens als die Sprache ansehen. Denn in dem zerstreuten Chaos von Wörtern und Regeln, welches wir wohl eine Sprache zu nennen pflegen, ist nur das durch jenes Sprechen hervorgebrachte Einzelne vorhanden und dies niemals vollständig, auch erst einer neuen Arbeit bedürftig, um daraus die Art des lebendigen Sprechens zu erkennen und ein wahres Bild der lebendigen Sprache zu geben. Gerade das Höchste und Feinste lässt sich an jenen getrennten Elementen nicht erkennen und kann nur (was um so mehr beweist, dass die eigentliche Sprache in dem Acte ihres wirklichen Hervorbringens liegt) in der verbundenen Rede wahrgenommen oder geahndet werden. Nur sie muss man sich überhaupt in allen Untersuchungen, welche in die lebendige Wesenheit der Sprache eindringen sollen, immer als das Wahre und Erste denken. Das Zerschlagen in Wörter und Regeln ist nur ein todtes Machwerk wissenschaftlicher Zergliederung.

Die Sprachen als eine Arbeit des Geistes zu bezeichnen, ist schon darum ein vollkommen richtiger und adäquater Ausdruck, weil sich das Daseyn des Geistes überhaupt nur in Thätigkeit und als solche denken lässt. Die zu ihrem Stu-

dium unentbehrliche Zergliederung ihres Baues nöthigt uns
sogar sie als ein Verfahren zu betrachten, das durch
bestimmte Mittel zu bestimmten Zwecken vorschreitet, und
sie insofern wirklich als Bildungen der Nationen anzusehen.
Der hierbei möglichen Missdeutung ist schon oben hinlänglich vorgebeugt worden, und so können jene Ausdrücke der
Wahrheit keinen Eintrag thun.

*Die Gartenlaube: Goethe: Sein Leben und Dichten in Vor-
trägen für Frauen geschildert (Johannes Scherr)*   1873

Als, auf des Daseins Gipfel angelangt, der sechzigjährige
Goethe seine Erinnerungen niederzuschreiben unternahm,
da gestaltete sich das Buch derselben *Aus meinem Leben*
unter seiner schaffenden Hand zu einem Kunstwerke, welchem er feinfühlig den Titel *Dichtung und Wahrheit* vor-
setzte. Er wollte damit andeuten, daß diese Geschichte
seiner Jugend – denn das Buch reicht bekanntlich nur bis zur
Uebersiedelung des Dichters nach Weimar – blos im dichterischen Sinne eine wahrhafte sei. Damit traf er das Richtige.
Ueber diese Denkwürdigkeiten ist
      »Aus Morgenduft gewebt und Sonnenklarheit,
      Der Dichtung Schleier aus der Hand der Wahrheit«
hingebreitet. Dem sechzigjährigen Dichterkönig erschien
beim Rückblick auf seine Jugend dieselbe da in verschönern-
dem Lichte, dort in verhäßlichendem Schatten. Personen,
Ereignisse und Zeitbestimmungen verschoben sich in seinem
Gedächtnisse oder wurden auch wohl ganz willkürlich
zurechtgerückt und Thatsachen den Bedürfnissen und For-
derungen der künstlerischen Auffassung und Darstellung
anbequemt. So verdampfte nicht selten das Wirkliche auf
dem Herde der Phantasie, wandelte sich blos Gewünschtes
und Gewolltes zum deutlich geschauten Fata-Morgana-Bild
und steigerten sich Lust und Leid aus dem ursprünglich
Naiven zum reflectirt Pathetischen. Damit will nicht gesagt
sein, daß einzelnes, manches, vieles sogar in *Dichtung und
Wahrheit* der Verläßlichkeit entbehrte und daß am Ende gar

nichts für buchstäblich wahr zu halten wäre; nein, sondern vielmehr nur, daß die Selbstbiographie im Ganzen und Großen uns zwar die jugendliche Entwicklungsgeschichte des Dichters, nicht aber die Lebensgeschichte des Knaben und Jünglings Goethe authentisch erzähle. Fehlgehen würde demnach, wer alles das, was der Verfasser symbolisch gemeint hat, substantiell nehmen und als Thatsächliches verwenden wollte. Als Material zu Goethe's wirklicher Jugendgeschichte angesehen, verlangt das Buch *Aus meinem Leben* eine unablässige und genaue Controle mittels der Acten, und ich möchte sagen, der Inhalt von diesen verhalte sich zu des Dichters selbstbiographischer Darstellung etwa so, wie sich die Thatsache, daß der kleine Wolfgang zur Weihnacht von 1753 von seiner Großmutter Cornelia mit einem Puppenspiele beschenkt wurde, zu alledem verhält, was im ersten Buch vom *Wilhelm Meister* dieser der Marianne von den Puppenspiel-Freuden und -Leiden seiner Knabenjahre zu erzählen weiß. Im Uebrigen muß man das Buch nehmen, wie es Goethe gegeben, und muß es genießen und bewundern. Den Inhalt nacherzählen zu wollen, wäre nicht nur unnütz, sondern auch lächerlich-anmaßlich. Ich werde mich daher begnügen, bündig-thatsächlich zu skizziren, wie unser junger Titan vom Knaben zum Jüngling aufgewachsen ist.

Der Boden seines Wachsthums war eine der bevorzugtesten Stellen im damaligen Deutschland. Die Bürgerschaften von Städten wie Hamburg, Leipzig und Frankfurt durften geradezu als der Kern der Nation, als die Bewahrer und Förderer alles Tüchtigen, Guten und Besten vom deutschen Wesen angesehen werden. Residenzen wie Wien, Berlin, München etc. übten auf die nationale Cultur nicht nur keinen wohlthätigen, sondern vielmehr einen geradezu schädlichen Einfluß. Die deutsche Aristokratie, ihre Spitzen, die Fürsten, inbegriffen, war vollständig entnationalisirt, verfranzos't bis in die Knochen. Am Rhein, Main, in Baiern, in Oesterreich ein stupides Pfaffenregiment in höchster Instanz alles entscheidend. Im protestantischen Deutschland der aufgeklärte Despotismus, wo er nach dem Vorgange Preußens platzgegriffen, sclavisch die französische Schablone nachpinselnd. Der Zusammenhang des Bewußtseins unseres Volkes mit seiner historischen Vergangenheit zerstört und die Erinnerung an die Errungenschaften früherer Bildungsepochen der Nation vergessen und verschollen. An allen Höfen, in allen vornehmen Kreisen das Heimische hintenangesetzt, das Vaterländische verachtet. In Berlin, wohin sich aus der hülf- und trostlosen Reichsverwaltung heraus die Blicke der Patrioten allenfalls wenden konnten und mochten, ein erleuchteter Despot genial-energisch sein Stockscepter handhabend und unter ungeheuren Schwierigkeiten das Fundament der deutschen Zukunft legend, aber daneben ein »Fremdling im Heimischen«, wahrhaft äffisch für die Franzoserei eingenommen, allem Deutschen absichtlich aus dem Wege gehend und verschmähend, von dem Reformator der nationalen Literatur, von Lessing, auch nur Notiz zu nehmen, selbst dann noch diesen großen Culturheros schnöde übersehend, als das Erscheinen der *Minna von Barnhelm* das Anbrechen eines neuen Geisterfrühlings schon ganz zweifellos signalisirt hatte.

Nicht von oben herab also kam die Erlösung unseres Volkes von fremden Geistesfesseln und ausländischen Bildungsformen. Auch nicht ganz von unten herauf, sondern aus der Mitte, d. h. aus dem deutschen Bürgerthume, welches ja überhaupt seit dem Aufblühen der Städte der eigentliche Träger aller gesunden und nachhaltigen Culturarbeit gewesen war. Mit in der ersten Reihe der deutschen Städte aber stand Frankfurt am Main, althergebrachten Ansehens und Wohlstandes froh, von regsamer Gewerkigkeit, blühend durch weitreichende Handelsthätigkeit, belebt durch reichen Fremdenverkehr, als kaiserliche Wahl- und Krönungsstadt der Schauplatz von mancherlei Haupt- und Staatsactionen mit ihrem mittelalterlich-romantischen Apparat und Pomp, geistigen Interessen mit Theilnahme zugewandt, in Förderung von Wissenschaft und Kunst nach Maßgabe der Zeit und der Kräfte nicht karg, bewohnt von echten Main- und Rheingaumenschen, welche, dem auch hier nicht fehlenden äußerlich französischen Zuschnitt des geselligen Thuns und Treibens zum Trotz eine kernhaft deutsche Fühl- und Denkweise besaßen und mit bürgerlicher Tüchtigkeit, Rührigkeit und Ehrenhaftigkeit eine bewegliche, frohsinnige und leichtlebige Führung des Daseins verbanden. Zu alledem kam noch, daß in Frankfurt die Gegensätze des Jahrhunderts so merkbar zu Tage traten wie irgendwo und gerade auch im elterlichen Hause unseres Dichters häufig genug sich kreuzten.

b) Beispiele aus dem 20. Jahrhundert

Otto Friedrich Bollnow: Sprache und Erziehung   1966

Im Halten des Versprochenen und in der Treue zum gegebenen Wort haben wir den Vorgang zentral getroffen, in dem der Mensch sich von einem unverbindlich-naturhaften Dasein zur verantwortlich für sich einstehenden sittlichen Person erhebt. Weil der Mensch aber diesen Schritt immer selber leisten muß und niemand ihn ihm abnehmen oder auch nur erleichtern kann, sind hier der unmittelbaren erzieherischen Einwirkung enge Grenzen gesetzt. Das Wichtigste bleibt indirekt darin beschlossen, daß der Erzieher von der Wichtigkeit dieser Vorgänge weiß und seinerseits alles tut, Störungen zu vermeiden und sein Ausweichen vor der hier erwachsenen Verantwortung zu verhindern sucht.
Nur ein paar kleine Hinweise, die sich aus diesem Verständnis ergeben: Das eine ist, daß der Erziehende selber seine Versprechungen mit unbedingter Verbindlichkeit einhalten muß. Er darf nie etwas leichtsinnig und zur augenblicklichen Beruhigung versprechen. Das Kind versteht nicht, warum er später, vielleicht aus guten Gründen, davon abweicht, es hält sich sehr viel wörtlicher als der Erwachsene an das einmal gegebene Versprechen, und das Vertrauen auf die Gültigkeit des gegebenen Worts bricht ihm zusammen, wenn es sich einmal getäuscht sieht. Der Erzieher, der dem

unmündigen Kind gegenüber das Versprechen nicht ernst nimmt, untergräbt für dieses den Unbedingtheitscharakter des gegebenen Worts und damit die Grundlagen der sittlichen Welt überhaupt. Er handelt schlechthin unverantwortlich.

Das zweite ist, den Menschen auf die Grenzen dessen, was er verantwortlich versprechen darf, aufmerksam zu machen. Denn über Dinge, die nicht in der freien Verfügung des Menschen stehen, kann er auch keine Versprechungen abgeben. Dahin gehören seine Gefühle und seine Gedanken wie auch alles das, was von äußeren Umständen abhängig ist. Niemand kann versprechen, am kommenden Tag ein bestimmtes Gefühl zu haben (wie König Peter in *Leonce und Lena*, der sein königliches Wort gegeben hatte, sich am kommenden Tage über die Hochzeit seines Sohns zu freuen, und ratlos ist, als sich dieser ihr durch die Flucht entzogen hat). Und niemand kann versprechen, bei einer bestimmten Meinung zu bleiben; denn sie kann durch eine neue Einsicht überholt werden, und er würde unwahrhaftig werden, wenn er trotz besserer Einsicht an der früheren Ansicht festhielte. Darum ist es unsittlich und insbesondre erzieherisch unverantwortlich, derartige Versprechungen anzunehmen. Den Menschen zur Erkenntnis dessen, was er verantwortlich versprechen kann, hinzuführen, wenn er aber etwas versprochen hat, ihn zur unbedingten Erfüllung des gegebenen Worts anzuhalten, das ist eine Aufgabe der Erziehung, der innerhalb der sittlichen Gesamterziehung eine zentrale Bedeutung zukommt. Jede auch nur aus Gutmütigkeit entsprungene Nachlässigkeit in dieser Hinsicht ist letztlich verantwortungslos.

Was hier beim Versprechen als einem letzten gesteigerten Grenzfall hervortritt, das gilt in abgewandelter Form von jedem gesprochenen Wort. Es gilt in einem strengen Sinn, daß der Mensch nur durch die Vermittlung der Sprache sich selber verwirklichen kann.

In drei Stufen hatten wir diesen Vorgang auseinanderzulegen versucht:

1. Er bedarf der für ihn vorhandenen Sprache als eines Mediums seiner Selbstentfaltung, in der bestimmte Möglichkeiten seines Lebens vorgezeichnet sind.
2. Er bedarf zur Prägung seines Wesens der Verwirklichung im verantwortlich gesprochenen Wort.
3. Er erhebt sich zu seinem eigentlichen Selbst nur durch das im Versprechen vorwegnehmend gegebene Wort.

So gilt in einem strengen Sinn: Der Mensch wird er selbst nur durch die Sprache. Nur in der frei gewählten Bindung an das zeitüberlegene Wort erhebt er sich über die schwankende Zeit. Darin gründet letztlich die Würde der Sprache für die Erziehung.

Thomas Mann: Der Tod in Venedig (Anfang)   1913

Gustav Aschenbach oder von Aschenbach, wie seit seinem fünfzigsten Geburtstag amtlich sein Name lautete, hatte an einem Frühlingsnachmittag des Jahres 19.., das unserem Kontinent monatelang eine so gefahrdrohende Miene zeigte, von seiner Wohnung in der Prinzregentenstraße zu München aus allein einen weiteren Spaziergang unternommen. Überreizt von der schwierigen und gefährlichen, eben jetzt eine höchste Behutsamkeit, Umsicht, Eindringlichkeit und Genauigkeit des Willens erfordernden Arbeit der Vormittagsstunden, hatte der Schriftsteller dem Fortschwingen des produzierenden Triebwerkes in seinem Innern, jenem »motus animi continuus«, worin nach Cicero das Wesen der Beredsamkeit besteht, auch nach der Mittagsmahlzeit nicht Einhalt zu tun vermocht und den entlastenden Schlummer nicht gefunden, der ihm, bei zunehmender Abnutzbarkeit seiner Kräfte, einmal untertags so nötig war. So hatte er bald nach dem Tee das Freie gesucht, in der Hoffnung, daß Luft und Bewegung ihn wiederherstellen und ihm zu einem ersprießlichen Abend verhelfen würden.

Es war Anfang Mai und, nach naßkalten Wochen, ein falscher Hochsommer eingefallen. Der Englische Garten, obgleich nur erst zart belaubt, war dumpfig wie im August und in der Nähe der Stadt voller Wagen und Spaziergänger gewesen. Beim Aumeister, wohin stillere und stillere Wege ihn geführt, hatte Aschenbach eine kleine Weile den volkstümlich belebten Wirtsgarten überblickt, an dessen Rand einige Droschken und Equipagen hielten, hatte von dort bei sinkender Sonne seinen Heimweg außerhalb des Parks über die offene Flur genommen und erwartete, da er sich müde fühlte und über Föhring Gewitter drohte, am Nördlichen Friedhof die Tram, die ihn in gerader Linie zur Stadt zurückbringen sollte.

Zufällig fand er den Halteplatz und seine Umgebung von Menschen leer. Weder auf der gepflasterten Ungererstraße, deren Schienengeleise sich einsam gleißend gegen Schwabing erstreckten, noch auf der Föhringer Chaussee war ein Fuhrwerk zu sehen; hinter den Zäunen der Steinmetzereien, wo zu Kauf stehende Kreuze, Gedächtnistafeln und Monumente ein zweites, unbehaustes Gräberfeld bilden, regte sich nichts, und das byzantinische Bauwerk der Aussegnungshalle gegenüber lag schweigend im Abglanz des scheidenden Tages. Ihre Stirnseite, mit griechischen Kreuzen und hieratischen Schildereien in lichten Farben geschmückt, weist überdies symmetrisch angeordnete Inschriften in Goldlettern auf, ausgewählte, das jenseitige Leben betreffende Schriftworte, wie etwa: »Sie gehen ein in die Wohnung Gottes« oder: »Das ewige Licht leuchte ihnen«; und der Wartende hatte während einiger Minuten eine ernste Zerstreuung darin gefunden, die Formeln abzulesen und sein geistiges Auge in ihrer durchscheinenden Mystik sich verlieren zu lassen, als er, aus seinen Träumereien zurückkehrend, im Portikus, oberhalb der beiden apokalyptischen Tiere, welche die Freitreppe bewachen, einen Mann bemerkte, dessen nicht ganz gewöhnliche Erscheinung seinen Gedanken eine völlig andere Richtung gab.

9. Das Neuhochdeutsche IV:
Sprache im technischen Zeitalter und in der verwalteten Welt

a) Gebrauchsanleitung   1982

Metabo. SbE 460/2 S-automatic R+L

Bevor man die Maschine in Betrieb nimmt, überzeuge man sich, daß die auf dem Leistungsschild angegebene Spannung mit der Netzspannung übereinstimmt.

Die Schlagbohrmaschine ist schutzisoliert. Sie hat – in Übereinstimmung mit den VDE-Bestimmungen – eine zweiadrige Zuleitung (ohne Schutzleiter). Die Maschine kann ohne Bedenken auch an eine nicht geerdete Steckdose angeschlossen werden.

Das Gehäuse darf (z. B. zum Aufbringen von Schildern) nicht angebohrt werden, da hierdurch die Wirksamkeit der Schutzisolierung aufgehoben werden könnte. Verwenden Sie bitte als Bezeichnungsschilder nur Klebeetiketten.

Zusatz-Handgriff und Bohrtiefenanschlag

Aus Sicherheitsgründen muß beim Bohren mit der Schlagbohrmaschine stets der mitgelieferte Zusatz-Handgriff verwendet werden.

Den Handgriff auf den Spannhals der Maschine aufschieben und mit der Flügelschraube befestigen.

In die kleine Bohrung im Klemmstück des Zusatz-Handgriffs kann der mitgelieferte Bohrtiefenanschlag eingesetzt werden. Der Tiefenanschlag wird nach dem Einstellen auf die gewünschte Bohrtiefe mit der Flügelschraube des Handgriffs festgeklemmt.

Einstellen auf »Schlagbohren« oder »Bohren ohne Schlag«

Zum Bohren in Metall, Holz, Wandfliesen und dgl. kann das Schlagwerk mit dem Schieber oben auf dem Maschinengehäuse ausgeschaltet werden.

Wenn auf dem Schieber das Zeichen »Hammer« zu sehen ist, ist die Maschine auf »Schlagbohren« eingestellt. Zum Bohren ohne Schlag muß man den Schieber – in Arbeitsrichtung der Maschine gesehen – nach links (Zeichen »Spiralbohrer«) drücken.

Drehzahl

1. Zweistufen-Untersetzungsgetriebe

Der Drehknebel an der Unterseite des Getriebegehäuses dient zum Umschalten des Untersetzungsgetriebes. Wenn das Zeichen »Hase« vorn (gegenüber der Pfeilmarke auf dem Getriebegehäuse) steht, ist das Getriebe auf die höhere Drehzahl eingestellt. Zeichen »Schildkröte« = niedrige Drehzahl.

Umschalten von der einen auf die andere Getriebestufe nur im Stillstand oder bei auslaufender Maschine. Wenn sich der Drehknebel beim Schalten im Stillstand nicht gleich in die gewünschte Stellung bringen läßt, muß man etwas am Bohrfutter drehen, bis der Knebel auf der Stellung »Hase« bzw. »Schildkröte« einrastet.

Auf der Stellung »+« des Rändelrades im Schalterdrücker hat die Maschine bei voll eingedrücktem Schalterdrücker folgende höchsten Drehzahlen an der Bohrspindel:

Getriebe- stellung	Leerlauf- drehzahl
»Hase«	2.400/min
»Schildkröte«	1.000/min

2. Elektronische Drehzahlregelung

Durch Eindrücken des Schalterdrückers wird die Drehzahl elektronisch stufenlos zwischen 0 und dem jeweils am Rändelrad des Schalterdrückers eingestellten Wert verändert. Man kann auf diese Weise für jeden Bearbeitungsvorgang die optimale Drehzahl wählen und z. B. fachgerecht anbohren ohne anzukörnen.

b) Verwaltungsmitteilung   1982

Feriennaherholungsmaßnahme

Die Gemeinde Lohmar führt in der Zeit vom 16. 8.–27. 8. 1982 (außer samstags und sonntags) in Zusammenarbeit mit der Bezirksjugendpflegerin des Kreisjugendamtes Siegburg eine Feriennaherholungsmaßnahme durch. An dieser Maßnahme können Jungen und Mädchen im Alter von 9–12 Jahren teilnehmen, die aus familiären und finanziellen Gründen in diesem Jahr nicht in Urlaub fahren können.

Standort für die Maßnahme, die täglich von ca. 9.00 Uhr–16.30 Uhr stattfindet, ist die Hauptschule Wahlscheid. Mit den Kindern soll ein Programm durchgeführt werden, das dem einer Ferienfreizeit ähnlich ist. Eine Fahrtmöglichkeit zum Standort und zurück ist durch speziell eingesetzte Busse gegeben.

Ein vorbereitetes Programm sieht u. a. Freizeitspiele, Wanderungen und Tagesfahrten vor.

Die Kinder erhalten warmes Mittagessen und Getränke. Sie sind während der Maßnahme ausreichend durch die Gemeinde versichert.

Der Unkostenbeitrag beträgt pro Tag und Kind 4,– DM. Anmeldungen sind bis zum 30. 7. 1982 *schriftlich* an den Gemeindedirektor – Sozialamt – Rathausstr. 1–4, 5204 Lohmar 1, zu richten.

Da nur eine begrenzte Anzahl Kinder an der Maßnahme teilnehmen kann, erfolgt die Berücksichtigung in der Reihenfolge der Anmeldeeingänge.

DER GEMEINDEDIREKTOR
in Vertretung:
Friese
Erster Beigeordneter

c) Zeitungsdeutsch   1983

Meldung und Bericht

Boulevardblatt (Express)

Hitler schäumte über Sex-Affären

Professoren-Krach um Tagebücher

exp. Hamburg – Die Sex-Affären seines Propagandaministers Goebbels brachten Hitler auf die Palme. Auf SS-Chef Himmler war er sauer, weil der seiner Braut Eva Braun nachstieg.

So steht es in den angeblichen Hitler-Tagebüchern, die jetzt gefunden worden sein sollen. Geschichtsprofessoren streiten über ihre Echtheit.

Regionale Tageszeitung (Kölner Stadtanzeiger)

Echtheit der Tagebücher Hitlers bezweifelt

Wissenschaftler skeptisch

Hamburg (dpa, ap) – Weltweiten Wirbel haben die angeblichen Tagebücher Hitlers ausgelöst, die der *Stern* entdeckt haben will. In ersten Kommentaren namhafter Wissenschaftler hieß es, diese Aufzeichnungen seien entweder die größte Fälschung des Jahrhunderts oder sie machten ein Umschreiben der NS-Geschichte notwendig. Nach *Stern*-Angaben ist die Echtheit der 60 Tagebücher von 1932 bis 1945 durch »international renommierte Schriftsachverständige und Historiker« belegt worden. Die geheimen Notizen soll ein Reporter in der DDR gefunden haben. Der Leiter des Instituts für Zeitgeschichte äußerte sich skeptisch über die Echtheit. Auch der anerkannte britische Hitler-Experte Trevor-Roper, der erklärt hatte, er habe die Aufzeichnun-

gen inspizieren können und sei von ihrer Echtheit über-
zeugt, räumte am Wochenende in London ein, daß es sich
auch um eine Fälschung handeln könne.

Überregionale Tageszeitung (Süddeutsche Zeitung)

Nach Ankündigung und erster Veröffentlichung:

Zweifel an Hitlers Tagebüchern

Fast alle deutschen und britischen Experten melden Beden-
ken gegen die Echtheit der Notizen an.

Hamburg (dpa) – Weltweiten Wirbel haben die angeblichen
Tagebücher von Adolf Hitler ausgelöst, die das Hamburger
Magazin *Stern* entdeckt haben will. In ersten Kommentaren
von namhaften Wissenschaftlern hieß es, diese geheimen
Aufzeichnungen Hitlers seien entweder die größte Fälschung des Jahrhunderts oder sie machten ein Umschreiben
der NS-Geschichte notwendig. Britische und deutsche Zei-
tungen veröffentlichten am Sonntag erstmals Einzelheiten
aus diesen Tagebüchern. Der *Stern* will heute in einer Pres-
sekonferenz nähere Angaben über die Entdeckung und den
Inhalt der Dokumente machen und gleichzeitig mit dem
Abdruck in der neuesten Ausgabe beginnen.
Nach Angaben des *Stern* ist die Echtheit der 60 Tagebücher
aus der Zeit vom 22. Juni 1932 bis Mitte April 1945 und
zweier Sonderbände über den England-Flug von Rudolf
Heß und das Attentat vom 20. Juli 1944 durch »international
renommierte Schriftsachverständige und Historiker« belegt
worden. Die geheimen Notizen sollen von einem Reporter
in der DDR gefunden worden sein. Die umfangreichen
handschriftlichen Notizen enden undatiert (vermutlich am
16. April 1945) im Führerbunker des eingekreisten Berlin
mit den Worten: »Die langerwartete Offensive hat begon-
nen. Möge Gott uns beistehen.«
Wissenschaftler in aller Welt haben indes die Echtheit der

enthüllten Notizen in Zweifel gezogen. Prof. Werner Maser, Nachlaßverwalter der Familie Hitler und Autor von mehr als einem Dutzend Bücher über Hitler und die NS-Herrschaft, erklärte in der *Welt am Sonntag*: »Tagebücher, die Hitler mit eigener Hand geführt hat, gibt es nicht.« Sein Urteil stützte Maser auf die noch unveröffentlichten Tagebücher der Dienststellen und Sekretariate Hitler und Bormann, die sich in seinem Besitz befänden.

Schon im Heute-Journal des ZDF hatte Maser am Freitag die Authentizität der angeblichen Aufzeichnungen bestritten und von »Hochstapelei« gesprochen. In Potsdam gebe es, so sagte Maser, »eine Fälscherwerkstatt, in der Hitler-Bilder, Hitler-Briefe, Hitler-Notizen produziert werden für den Verkauf als Devisenbringer für die DDR«. Der *Stern* meldete Zweifel an der Glaubwürdigkeit der Darstellungen Masers an. Maser habe sich schon früher als Wissenschaftler »disqualifiziert«. Dem *Stern* habe er seine Version über die DDR-Fälscherwerkstatt angeboten, sei aber nicht in der Lage gewesen, »auch nur einen einzigen konkreten Hinweis zu liefern«.

Ähnlich skeptisch über die Echtheit der angeblichen Notizen Hitlers äußerte sich auch der Leiter des Münchner Instituts für Zeitgeschichte, Prof. Martin Broszat. Den anerkannten britischen Historiker und Hitler-Experten Hugh Trevor-Roper charakterisierte Broszat gegenüber dpa allerdings als einen »sehr quellenkorrekten und sorgsamen Mann«. Für Broszat paßt jedoch ein so umfangreiches »Werk« wie 60 Tagebücher »nicht ins Bild« der Historiker von Hitler. Hitler habe nach den bisherigen Erkenntnissen von Jugend an nur wenig handschriftlich geschrieben.

Bereits kurz nach dem Ende des Zweiten Weltkriegs waren Vermutungen aufgekommen, daß Hitler ein Tagebuch geführt habe. Die einzigen Schriftstücke, von deren Auffinden etwas an die Öffentlichkeit drang, waren das politische und das private Testament sowie einige Privatdokumente Hitlers. Von Tagebüchern gab es bislang keine Spur und auch keinen Hinweis in der wissenschaftlichen Literatur.

Nach Angaben des *Stern* sind die Notizen Hitlers in einfache, bis zu 100 Seiten starke Kladden im DIN-A4-Format geschrieben, die verschnürt und mit Reichsadler und Hakenkreuz versiegelt waren. Hitler habe die Eintragungen mit schwarzer Tinte geschrieben und die meisten Seiten signiert.

Story (Magazin Stern)

Wie Sternreporter Gerd Heidemann die Tagebücher fand

Am Montag, dem 13. Oktober 1980, wählt der *Stern*-Reporter Gerd Heidemann die Telefonnummer 030/41 90 40 in Berlin-Reinickendorf. Bei der früheren Wehrmachtsauskunftsstelle (WASt), heute »Deutsche Dienststelle für die Benachrichtigung der nächsten Angehörigen von Gefallenen der ehemaligen deutschen Wehrmacht«, erkundigt er sich nach dem Schicksal des Fliegermajors Friedrich Anton Gundlfinger.
Heidemann erfährt: Der Offizier ist am 21. April 1945 bei Börnersdorf, südöstlich von Dresden, gefallen.
Mit dieser Anfrage begann eine Spurensuche, die zweieinhalb Jahre dauerte. An ihrem Ende steht eine historische Sensation: die Entdeckung der geheimen Tagebücher Adolf Hitlers.
Nach der Auswertung der Tagebücher, mit deren auszugsweisem Abdruck der *Stern* im nächsten Heft beginnt, muß die Biographie des Diktators und die Geschichte des Dritten Reiches in großen Teilen neu geschrieben werden.
In der Zeit vom 22. Juni 1932 bis Mitte April 1945 – die letzte Eintragung ist nicht datiert – hat Adolf Hitler 60 Bände geschrieben. Außerdem je einen Sonderband über den England-Flug von Rudolf Heß, seinem Stellvertreter in der Partei, und über das Attentat vom 20. Juli 1944.
Hitler schrieb seine Notizen in einfache Kladden im DIN-A4-Format, mit schwarzem Kunstlederdeckel, auf liniertes Papier. Die Bände haben bis 1938 Aufkleber mit dem hand-

schriftlichen Vermerk »Eigentum des Führers, immer unter Verschluß halten«. Die Beschriftungen stammen von Rudolf Heß, später von Reichsleiter Martin Bormann. Die Bände sind unterschiedlich dick, sie haben mal fünfzig, mal bis zu hundert Seiten Umfang. Meist umfassen sie einen Zeitraum von zwei bis vier Monaten. Bis zum Januar 1939 tragen die Bände eine Banderole aus abgeschnittenen Briefköpfen mit dem Aufdruck »Nationalsozialistische Deutsche Arbeiterpartei – Reichsleitung«. Danach sind sie verschnürt und mit Reichsadler und Hakenkreuz versiegelt. Zwei tragen ein doppeltes Siegel: der Heß-Band und der über das Attentat auf Hitler.

Die Bücher sind gut erhalten. Einige haben einen gelblich verfärbten Rand. Hitler hat die Eintragungen handschriftlich gemacht, mit schwarzer Tinte, und die meisten Seiten sorgfältig signiert.

Reportage (Expreß)

Keine Tore – aber Tür zur EM steht offen

Schumacher: »In den Heimspielen machen wir alles klar«

exp Wien – »Ich habe noch nie ein torloses Spiel gesehen, das so voller Dramatik und Kampfkraft war«, strahlte DFB-Präsident Hermann Neuberger. »Das war doch genau das Gegenteil von Gijon.« Die deutschen Spieler waren auch zufrieden mit dem 0:0 im Prater-Stadion, zumal die Österreicher vor 60000 Zuschauern über sich hinauswuchsen. Statt eines langsamen Wiener Walzers tanzten sie eine feurige Polka und brachten Derwalls Mannschaft zeitweise ganz schön in Verlegenheit.

»Mensch, was haben die hier Druck gemacht«, staunte Gerd Strack, Fels in der deutschen Abwehr, der ebenso wie sein Kölner Kollege Toni Schumacher maßgeblichen Anteil daran hatte, daß es beim 0:0 blieb.

»Damit haben wir doch eine bombige Ausgangsposition, zumal wir die letzten vier Spiele zu Hause austragen«, meinte der deutsche Keeper.

Zeitweise sah es schlecht für die deutsche Elf aus. Die Spielordnung ging verloren. Die Österreicher spielten Happel-Pressing und marschierten wie fesche Gardesoldaten.

In dieser Phase wogte die Schlacht hin und her. Da hatten auch die Deutschen ihre Chancen. Als in der 48. Minute Völler einen Kopfball nach Müllers Eckball in den Winkel setzte, jubelte Jupp Derwall auf seinem Stühlchen schon. Doch Koncilia hielt.

Zehn Minuten später wurde Hansi Müller gegen Rolff ausgetauscht. Er war viel gerannt, aber er hatte unglücklich gespielt, stand nach einer gelben Karte auch vor dem Platzverweis.

Bernd Schuster dagegen stellte sich in den Dienst der Mannschaft, dirigierte aus der Tiefe und ackerte bei Österreichs Generaloffensive in der Abwehr. Obwohl er selbst nicht zufrieden war, lobte ihn Neuberger: »Klasse, diesen Mann kann man auch mit zwei Mann nicht ausschalten.«

Sicherlich hatte das deutsche Spiel nicht die Harmonie, die Brillanz von Izmir. Doch bewies diese Elf auch in ihrer zweiten Partie, daß ihr die Zukunft gehört.

In der Abwehr hatte Karl-Heinz Förster Probleme mit Hansi Krankl, und vor allem Schachner wirbelte mehrfach die deutsche Deckung auseinander. Das wäre fast schon in den ersten Minuten ins Auge gegangen, zumal Briegel, dessen Leistenzerrung ihn nach wenigen Minuten wieder behinderte, mehrmals wie ein Tanzbär herumgeführt wurde. In der 38. Minute nahm dann Derwall den Koloß aus dem Spiel, aber auch dessen Ersatz Bernd Förster bekam Schachner nicht so recht in den Griff. Trotz einiger Probleme hielt die deutsche Elf aber das wichtige 0:0 und stieß damit die Tür zur EM weit, ganz weit auf.

d) Sprachkritik

Eine kleine Musterkollektion:

Bedeutung beimessen? Warum nicht *beachten, wichtig nehmen?*
Zum Vorwurf machen? Warum nicht *vorwerfen?*
Den Sieg davontragen? Warum nicht *siegen?*
Die Oberhand behalten? Warum nicht *gewinnen, siegen, rechtbehalten, der Stärkere bleiben, sich als stärker erweisen?*
Jemanden in den Schatten stellen? Warum nicht *jemandem überlegen sein?*
Er fand an ihr Gefallen? Warum nicht *sie gefiel ihm?*
Es herrscht keine Klarheit? Warum nicht *es ist unklar?*
In Abrede stellen? Warum nicht *abstreiten?*
In Rechnung stellen? Warum nicht *anrechnen, berechnen?*
In Verlust geraten? Warum nicht *verlorengehen?*
In Augenschein nehmen? Warum nicht *ansehen, betrachten, besichtigen, anschauen?*
In Vormerkung nehmen? Warum nicht *vormerken?*
Zur Verteilung gelangen? Warum nicht *verteilt werden?*
In Gefangenschaft geraten? Warum nicht *gefangengenommen werden?*
Den Flammen zum Opfer fallen, in Flammen aufgehen? Warum nicht *verbrennen?*
In Betracht ziehen? Warum nicht *erwägen?*
In die Brüche gehen? Warum nicht *zerbrechen, scheitern?*
Seinen Anfang nehmen? Warum nicht *anfangen, beginnen?*
Sein Ende finden? – Aufhören! Aufhören!

10. Das Neuhochdeutsche V: Englischer Spracheinfluß

a) Werbung   1982

Wang stellt einen der entscheidendsten Schritte im Informationsmanagement der Zukunft vor: WangNet.

Unternehmer und Geschäftsleute haben einen grenzenlosen Appetit auf Information. Das erklärt auch die eindrucksvolle Vielfalt an Bürokommunikationseinrichtungen, die es heute gibt. WangNet ist ein lokales Netzwerk, das diese Einrichtungen untereinander zu einer einzigen Informationsquelle verbindet, damit jeder Mitarbeiter im Büro und jede Abteilung direkten Zugang dazu hat.

WangNet: Eine Informations-Pipeline.

WangNet arbeitet so einfach wie das Stromnetz zu Hause: Die Ausgänge werden dorthin verlegt, wo sie benötigt werden und dann mit den entsprechenden Einrichtungen verbunden, deren Betrieb gewünscht wird.

Mit dem WangNet (Breitband) können Computer, Textverarbeitungs-Systeme und elektronischer Postversand verbunden werden, auch anderer Hersteller. WangNet arbeitet ebenso für Mikrowellen- und Satelliten-Kommunikation, Video-Konferenzschaltungen, Computer-Grafiken, Überwachung von Sicherheitseinrichtungen zur Gebäude- und Anlagenkontrolle sowie Steuerungsanwendungen zur Energiekontrolle. Dabei garantiert WangNet fast unlimitierte Kapazität. Schließlich ist WangNet derzeit erst zu 35% ausgelastet und hat somit Reserven für noch nicht vorhandene Kommunikationstechniken der Zukunft. So unwahrscheinlich das auch klingen mag.

Blitz-News

Adam's neuer Video-Hit

Für seine neue Single *Friend or Foe* drehte Adam Ant seinen
bisher ausgeflipptesten Videofilm – erstmals in eigener
Regie. Der Song ist eine Art »Abrechnung« mit seinen
Feinden, zu denen unter anderem auch seine ehemaligen
Bandmitglieder gehören. Der Refrain lautet: »I want those
who get to know me to become admirers or my enemies«.
Zu deutsch: Ich möchte, daß die Leute, die mich kennenler-
nen, entweder zu Bewunderern oder meinen Feinden werden. In dem dreiminütigen Videofilm kämpft Adam mit
schlagkräftigen Muskelmännern, springt durch Pappwände,
dirigiert ein Orchester aus Kohlköpfen, legt sich mit dem
»Mr. Universum« an, landet auf dem Operationstisch und
läßt seinen Partner Marco als Clown auftreten. »Ich nehme
mich bei dem Videofilm selbst auf die Schippe«, sagt Adam,
der soeben eine neue Band zusammengestellt hat und mit
den Proben zu einer neuen Liveshow beginnt. Anfang nächsten Jahres wird der britische Topsänger wieder auf Tournee
gehen. Adam: »Ich werde der erste sein, der auch auf der
Bühne mit Videos arbeitet – ich habe eine völlig neuartige
Bühnenpräsentation in Planung!«

»UB 40«-Auftritt: Das Gröbste wurde in »Aafrock«-Manier weggepowert

Bonn – Das Gröbste an der Reggae-Front am Dienstagabend
hatte schon der Rasta-DJ an seinem Plattenpult weggepo-
wert, bevor dann nach einer geschlagenen Stunde »UB 40«,
achtköpfige black & white Band aus der mittelenglischen
Industriestadt Birmingham, ihr westindisches Rhythm-feel-
ing in die nur halbvolle Godesberger Stadthalle blasen
wollte. Die Tourorganisatoren von »Mamma-concerts«
allein mögen begreifen, warum ein Platten-Jockey in der Art

des Mal Sandock im Vorgriff auf große Ereignisse dem Publikum Einstimmungs-Muse so lange um die Ohren schlagen muß, bis es seine Lust am Life verliert. Hinzu kam dann noch bei vielen Fans zusätzlicher Frust auf angesichts des leeren Portemonnaies, weil man immerhin 24 Mark an der Abendkasse gelassen hatte. »UB 40«, auf weltweiter Mission in Sachen Reggae made in England, nichts desto Trotz aber erstaunlicherweise in den beiden letzten Jahren zu britischen Charts-Ehren gekommen, hatte es ziemlich schwer, sich vom Retorten-Brei des vorangegangenen Disco-Reggaes abzuheben. Das Saxophon versickerte im dröhnenden Crescendo des elektronischen Brimboriums, einfühlsam waren Solo-Parts allenfalls nur für Abdecker-Gemüter: Reggae, gespielt in »Aafrock«-Manier, eher zum Abgewöhnen, als für Liebhaber. Mag aber auch schlicht sein, daß nach Bob Marleys Abtritt in den Reggae-Himmel die Luft endgültig raus ist aus dem Reggae-Fieber.

Günther Beyer

c) Wirtschaft

Management-Lexikon   1972

One-Stop-Shopping Aus Amerika stammende Marketing-idee, daß der Kunde zur Erledigung seiner Einkäufe nur einmal zu parken braucht. Dieser Gedanke liegt den Super-markets und den Shopping Centers zugrunde.

On-Line-Verarbeitung → Off-Line-Verarbeitung

On-the-Job-Training Bezeichnung für eine Methode systematischer Weiterbildung von Gruppenleitern, Mei-stern, Vorarbeitern und Instruktoren. Man unterscheidet drei Arten von On-the-Job-Training:
1. Job Instruction Training (Trainingsziel ist die Technik des Unterweisens);
2. Job Relations Training (Trainingsziel ist, durch richtige

Behandlung der Mitarbeiter bessere Ergebnisse zu erzielen);
3. Job Methods Training (Trainingsziel ist die kritische Überprüfung der täglichen Arbeitsabläufe).

Das Charakteristische des On-the-Job-Trainings ist die Verwendung der täglichen Arbeitsvorgänge als Trainingsmittel. On-the-Job-Training wurde im Rahmen des Training Within Industry-Programs entwickelt.

Open-Display Bezeichnung für eine Art der offenen Auslage, die dem Kunden das Prüfen der Ware ermöglicht.

Open End Transcription Bezeichnung für ein Standardwerbeprogramm, das meist auf Band an Sender verkauft wird und so gestaltet ist, daß lokale Unternehmer und Firmen ihre Werbung einblenden können.

Opening Inventory Ausdruck für Anfangs-, Eröffnungsinventur.

Open Loop Bei der Prozeßsteuerung (z. B. von Fertigungsprozessen, bei Großanlagensteuerung etc.) durch Datenverarbeitungsanlagen (Prozeßrechner) Bezeichnung für offene Koppelung, d. h., die vom Prozeßrechner aufgrund der direkt aus dem Prozeß genommenen Daten ermittelten Ergebnisse werden nicht direkt wieder an den Prozeß zurückgegeben, sondern sie bilden in Form von Anzeigen oder Listen die Unterlagen für die weitere Steuerung des Prozesses durch Menschen. Gegensatz: Closed Loop.

Börsenreport   1982

Die Händler haben Frust

Der deutsche Rentenmarkt mußte in der vergangenen Woche einen deutlichen Wiederanstieg der Renditen verkraften.
Nervosität und wachsende Bereitschaft zu Gewinnmitnahmen waren zu verzeichnen. Verstimmt hatte insbesondere

die erneut ausgebliebene Diskontsenkung in den USA, von der man sich weitere kreditpolitische Signale auch im Inland erhofft hatte. Nach dem vorausgegangenen Zinsabstieg wurde allerdings der Trend zu Gewinnrealisationen als normale Entwicklung eingestuft.

Nach der Bahn trat zum Wochenbeginn auch wieder der Bund mit Schuldscheinofferten an den Markt. Geboten wurden 7,35 Prozent für ein Jahr, 7,95 Prozent für zwei Jahre, 8,05 Prozent für drei, 8,2 für vier und 8,3 Prozent für fünf Jahre. Als attraktiv galten insbesondere die Konditionen der zweijährigen Titel.

III. Texte zur Theorie des Sprachwandels

1. Hugo Moser:
Sprachwandel als individueller und sozialer Vorgang
1950

Die Sprache ist eine dynamische Erscheinung, sie ist ständiger Veränderung unterworfen. Nicht nur die Laute und Lautgruppen, die Formen der Wortbeugung und Wortbildung und der Wortschatz wandeln sich, nicht nur der Sprachkörper ist in ständiger Veränderung, sondern auch die Sprachinhalte, die Vorstellungen und Begriffe. Auch die Entwicklung der deutschen Sprache zeigt ein ständiges Stirb und Werde. Erst die neuere Erforschung der lebenden Sprachen hat tiefere Einsichten in die Ursachen der sprachlichen Veränderungen gestattet, wenngleich ihre Wirkung und ihr Zusammenwirken noch keineswegs vollständig aufgehellt sind. Wir nennen die Änderungen der Sprache auch Sprachwandel. Wandel meint eigentlich eine kontinuierliche Entwicklung, einen Vorgang, bei dem sich ein und dieselbe Sache verändert. Doch pflegen wir den Ausdruck auch für jene sprachlichen Veränderungen zu gebrauchen, bei denen eine Erscheinung durch eine andere, von außen kommende verdrängt wird (Substitution). So werden etwa in unseren Tagen im Süden Württembergs und des bayrischen Schwabens die alemannischen Längen *ī, ū* durch die schwäbischen Zwielaute *ei, ou* zurückgedrängt *(īs, hūs – eis, hous)*, werden immer wieder die Inhalte von Wörtern durch andere ergänzt oder ersetzt.

Der Sprachwandel vollzieht sich zunächst in der Rede einzelner, aber er betrifft die Sprache als soziales, kulturelles Gebilde; er hat wie jeder Kulturwandel eine individuelle und eine soziale Seite. Erst wenn sich eine individuelle Neuerung in der Sprache einer Sprachgemeinschaft durchgesetzt hat, ist er mehr als Episode, ist er Sprachwandel im vollen Sinne des Wortes, nicht nur persönliche Spracheigentümlichkeit;

er kann dann immer noch von vorübergehender Dauer sein, Sprachmode bleiben, oder aber zur festen Sprachsitte werden.

Wie jedem Kulturwandel, so wirkt auch dem Sprachwandel die Beharrungskraft als »Grundkraft der Gesellschaft« (Vierkandt) entgegen (Macht der Übung und Gewohnheit, Selbstbewußtsein der einzelnen und der Gruppen; Gesichtspunkte der Zweckmäßigkeit, logische, ethische, ästhetische Motive usw.); sie will den bestehenden Zustand erhalten. Jeder Wandel hat drei Phasen, bei der jeweils führenden Einzelpersönlichkeiten innerhalb der Gruppe eine entscheidende Rolle zukommt: Vorbereitung, Schöpfung und Ausbreitung.

Wir unterscheiden darum (mit Havers) die eigentlichen Triebkräfte, die beim sprachlichen Wandel wirksam sind, und die Bedingungen, unter denen er sich ausbreitet.

2. Hans Eggers:
Sprache und Verkehrsgemeinschaft   1963

Man kann alle Sprachen der Menschheit, von denen wir wissen, lebende und längst verklungene, als Zeugen menschlichen Gemeinschaftslebens betrachten. Wo immer Menschen zusammen leben, bilden sie ihre Sprache aus. Insofern kann man die Sprache geradezu als eine Funktion des menschlichen Gemeinschaftslebens ansehen, und die Sprachgemeinschaft, von der wir gesprochen haben, erscheint uns dann als die notwendige Folge der »Verkehrsgemeinschaft«. Als solche bezeichnen wir alle Gruppen von Menschen, die zueinander in irgendeiner sozialen Beziehung stehen, die also miteinander verkehren.

In frühesten Zeiten der Menschheitsgeschichte mag es die Horde gewesen sein, die eine solche Verkehrsgemeinschaft bildete, und sie muß schon ihre eigene gemeinsame Hordensprache gehabt haben – sonst hätten wir es bei diesen

Horden nicht mit Menschen zu tun, sondern mit Rudeln von tierischer Struktur. Es mag sein, daß die großen, unter sich so verschiedenen Sprachstämme der Erde ihre ersten Keimzellen in solchen Hordensprachen hatten. Wir wollen auf diese schwierigen Fragen, auf die es nur hypothetische Antworten gibt, hier nicht näher eingehen. Soviel aber steht fest: Schon, wo sich zum ersten Male in der damals noch weiten Welt zwei Horden begegneten, ohne daß die eine die andere vernichtete, wo vielmehr beide sich zusammenschlossen, müssen die sprachlichen Folgen dieselben gewesen sein, wie sie sich seither immer und überall wieder gezeigt haben. Die eine der beiden Gruppen wird ihre Sprache aufgegeben haben, und dennoch wird diese im Untergehen das überlebende Idiom in irgendeiner Weise beeinflußt haben. Ohne eine mehr oder minder tiefdringende Sprachveränderung verläuft ein so einschneidendes Ereignis niemals. Und da durch den Zusammenschluß der beiden Horden die Verkehrsgemeinschaft sich vergrößert, die sozialen Verhältnisse sich ändern, neue und größere gemeinsame Aufgaben in Angriff genommen werden können, lauter Angelegenheiten, die zu ihrer geistigen Bewältigung der Sprache bedürfen, muß notwendigerweise auch die überkommene Sprache eine neue Richtung nehmen und sich in anderer Weise als vor dem Zusammenschluß weiterentwickeln.

Aber ersetzen wir die urzeitliche Horde durch reisige Scharen historischer Zeit. Wohin die römischen Heere gelangten, brachten sie ihre lateinische Sprache mit, und noch heute erkennen wir die Stärke und den langdauernden Einfluß der (west)römischen politischen Herrschaft an dem Weiterleben der romanischen Sprachen. Dabei waren überall, in Gallien (dem heutigen Frankreich), in Spanien, auf Sardinien und Korsika, in Oberitalien und in Rumänien vor Beginn der Römerzeit andersartige und eigene Sprachen in Geltung gewesen. Aus geringen Überresten, vor allem aus Namen und sehr alten Inschriften, können wir uns gewisse Vorstellungen von diesen vorrömischen Sprachen Alteuropas machen. Mit der römischen Verwaltung und dem Militär kam das Lateinische in allen diesen Landen auf. Aber der römische Einfluß war verschieden stark, und auch die Widerstandskraft der Landessprachen muß verschieden groß gewesen sein. Ganz ohne Einfluß auf die Entwicklung des herrschenden Latein blieben sie nirgends, und so entwickelten sich überall aus der Auseinandersetzung zwischen dem Lateinischen und den verschiedenen Altsprachen zunächst provinzielle Sprachbesonderheiten, aus denen sich dann die verschiedenen romanischen Sprachen, wie z. B. das Französische, das Spanische, das Rumänische, herausbildeten. Das ganze weströmische Reich, so dürfen wir im Hinblick auf die uns hier beschäftigende Frage feststellen, wirkte als die große, übergeordnete Verkehrsgemeinschaft, die allen ihren Mitgliedern auch die gemeinsame Sprache aufzwang. In dem ganzen Gebiet wurde das Lateinische die Verkehrs-, Amts- und Kultursprache. Innerhalb dieser großen Verkehrseinheit aber bildeten die einzelnen Provinzen des Reiches geographisch geschlossene, engere Einheiten, in denen der tägliche Verkehr der Menschen viel reger und intensiver war. Daher die Ausbildung provinzieller Sprachgewohnheiten und nach dem Zerbrechen des Einheitsstaates, als jede Provinz ihr eigenes politisches Schicksal hatte, die Entstehung der romanischen Einzelsprachen.

Man sehe mir diesen Ausflug in graue Vorzeit und die alte Geschichte nach. Es kommt nur darauf an zu zeigen, daß die Grundbedingungen sprachlicher Entwicklung zu allen Zeiten die gleichen sind. Solange Menschen gelebt haben, haben sich ihre Sprachen stets im Verkehr mit anderen Menschen gebildet, und je nach den Schicksalen der menschlichen Gemeinschaften haben sich auch ihre Sprachen aus- und umgebildet. Indem wir in die Ferne vergangener Zeiten schweiften, haben wir vielleicht einige Erkenntnisse gewonnen, die uns auch die eigenen, deutschen Sprachverhältnisse besser verstehen lassen.

Wie allerorten, bildet auch bei uns die Familie die kleinste und engste Verkehrsgemeinschaft, und jedermann kann beobachten, daß sich in allen Familien kleine Sprachbesonderheiten ausbilden, an denen nur die Familienmitglieder verstehenden Anteil haben. Keine Familie aber lebt völlig abgeschlossen für sich allein. Immer ist sie zugleich Glied einer größeren Verkehrsgemeinschaft, der Nachbarschaft, des Dorfes, der Pfarrgemeinde und so fort in immer größeren Kreisen. Diese Vielfalt der Verkehrsbeziehungen spiegelt sich auch in der vielfältigen sprachlichen Gliederung wider. »Deutsch« ist die große sprachliche Einheit, zu der wir uns innerhalb der deutschen Grenzen (und noch weit darüber hinaus) alle bekennen. Aber wir wissen doch anderseits, daß es in Deutschland viele verschiedene Mundarten gibt. Von Dorf zu Dorf – und in größeren Städten sogar von Stadtteil zu Stadtteil – bestehen Unterschiede in der Sprache. Allerorten betonen Sprachhänseleien zwischen den Bewohnern benachbarter Siedlungen die kleinen Sprachverschiedenheiten und dienen zur allgemeinen Belustigung. Oft sind die Unterschiede gar nicht groß: Ein geringfügig abweichender Tonfall, die leicht abgewandelte Bildung dieses oder jenes Lautes, ein paar in der eigenen, engsten Umgebung ungebräuchliche Wörter und Ausdrücke reichen schon hin, die Sprache des Mannes aus dem Nachbardorf als »anders« zu empfinden.

3. Ferdinand de Saussure:
Synchronische und diachronische Sprachwissenschaft
1916

Wohl kaum dürfte ein Sprachforscher es in Zweifel ziehen, daß der Einfluß der Zeit besondere Schwierigkeiten in der Sprachwissenschaft mit sich bringt, und daß um dessentwillen seine Wissenschaft zwei vollständig auseinandergehende Wege einzuschlagen hat.
Die Mehrzahl der andern Wissenschaften kennt diese tiefgreifende Zweiheit nicht; die Zeit bringt bei ihnen keine besonderen Wirkungen hervor. Die Astronomie hat festge-

stellt, daß die Gestirne merklichen Veränderungen unterworfen sind; aber sie ist dadurch nicht gezwungen, sich in zwei Disziplinen zu spalten. Die Geologie beschäftigt sich fast ständig mit Aufeinanderfolgen; aber wenn sie auf die feststehenden Zustände der Erde eingeht, so macht sie das nicht zum Gegenstand einer völlig verschiedenen Untersuchung. Es gibt eine beschreibende Rechtswissenschaft und eine Rechtsgeschichte, aber niemand stellt die eine in Gegensatz zur andern. Die politische Geschichte bewegt sich ganz und gar in der Zeit; doch wenn ein Historiker das Bild einer Epoche entwirft, so hat man nicht den Eindruck, sich von der Geschichte zu entfernen. Umgekehrt ist die Staatswissenschaft wesentlich deskriptiv. Aber sie kann sehr wohl gelegentlich eine historische Frage behandeln, ohne daß ihre Einheit dadurch gefährdet wäre.

Dagegen beherrscht diese Zweiheit, von der wir sprechen, die Wirtschaftswissenschaften schon in recht entscheidender Weise. Hier bilden im Gegensatz zu dem, was in den vorausgehenden Fällen galt, die Volkswirtschaftslehre und die Wirtschaftsgeschichte zwei völlig getrennte Disziplinen im Rahmen einer und derselben Wissenschaft, und neuere Werke über diese Gegenstände betonen diesen Unterschied. Wenn man so vorgeht, gehorcht man, ohne sich davon Rechenschaft zu geben, einer inneren Notwendigkeit: und eine dem ganz entsprechende Notwendigkeit zwingt uns nun, die Sprachwissenschaft in zwei prinzipiell verschiedene Teile zu gliedern. Das kommt daher, daß hier wie bei der Nationalökonomie der Begriff des Wertes eine Rolle spielt; in beiden Wissenschaften handelt es sich um ein *System von Gleichwertigkeiten zwischen Dingen verschiedener Ordnung*: in der einen eine Arbeit und ein Lohn, in der andern ein Bezeichnetes und ein Bezeichnendes.

Sicher wäre es für alle Wissenschaften wichtig, die Achsen sorgfältig zu bezeichnen, auf welchen die Dinge liegen, mit denen sie sich befassen; man müßte überall gemäß der folgenden Figur unterscheiden: 1. die Achse der Gleichzeitigkeit (AB), welche Beziehungen nachweist, die zwischen gleichzeitig bestehenden Dingen obwalten und bei denen jede Einwirkung der Zeit ausgeschlossen ist, und 2. die Achse der Aufeinanderfolge (CD), auf welcher man

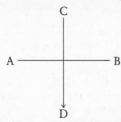

stets nur eine Sache für sich allein betrachten kann, auf der jedoch alle die Dinge der ersten Achse mit ihren Veränderungen gelagert sind.

Für die Wissenschaften, die es mit Werten zu tun haben, ist diese Unterscheidung eine praktische Notwendigkeit, in gewissen Fällen auch eine absolute Notwendigkeit. Es ist ganz ausgeschlossen, daß im Bereich der Wissenschaften von den Werten ein Forscher eine wirklich strenge Untersuchung führen kann, ohne die beiden Achsen zu berücksichtigen; vielmehr hat man stets zu unterscheiden zwischen dem System der Werte an sich und diesen selben Werten in ihrer zeitlichen Entwicklung.

Dem Sprachforscher muß sich diese Unterscheidung ganz besonders nachdrücklich aufdrängen; denn die Sprache ist ein System von bloßen Werten, das von nichts anderem als dem augenblicklichen Zustand seiner Glieder bestimmt wird. Sofern ein Wert einerseits in den Dingen und ihrem natürlichen gegenseitigen Verhältnis wurzelt (wie das bei der Wirtschaftswissenschaft der Fall ist – z. B. ein Stück Land steht in einem Wertverhältnis zu seinem Ertrag), kann man bis zu einem gewissen Grad diesen Wert in der Zeit verfolgen, während man sich doch zugleich erinnern muß, daß er jeden Augenblick abhängt von einem System gleichzeitiger Werte. Dadurch, daß er abhängig ist von Sachen, hat er trotz allem eine natürliche Grundlage, und deshalb sind daran geknüpfte Schätzungen niemals beliebig; ihre Veränderlichkeit ist begrenzt. Dagegen haben wir gesehen, daß in der Sprachwissenschaft natürliche Gegebenheiten nicht vorhanden sind.

Hinzuzufügen ist noch: je mehr ein System von Werten kompliziert und im einzelnen ausgebildet ist, um so mehr ist es nötig, eben wegen seiner Kompliziertheit, es nach beiden Achsen gesondert zu untersuchen. Nun aber ist kein anderes System so verwickelt wie die Sprache, und nirgends sonst sind die im Spiel begriffenen Geltungen oder Werte mit so vollkommener Genauigkeit festgesetzt, nirgends sonst besteht eine so große Anzahl und eine solche Verschiedenheit der Glieder in einer ebenso strengen gegenseitigen Abhängigkeit voneinander. Die Vielheit der Zeichen, auf die wir schon hingewiesen haben, um die Kontinuität der Sprache zu erklären, verbietet es aber durchaus, gleichzeitig die Beziehungen in der Zeit und die Beziehungen im System zu untersuchen.

Um deswillen unterscheiden wir zweierlei Arten von Sprachwissenschaft. Wie wollen wir diese bezeichnen? Die sich von selbst anbietenden Ausdrücke sind nicht alle im gleichen Maße geeignet, diese Unterscheidung zu bezeichnen. So sind »Geschichte« und »historische Sprachwissenschaft« nicht brauchbar, denn sie benennen zu verschwommene Vorstellungen; geradeso wie die politische Geschichte die Beschreibungen von Epochen ebenso umfaßt wie die Erzählung von Ereignissen, so könnte man sich einbilden, daß mit Beschreibung aufeinanderfolgender Sprachzustände man die Sprache gemäß der Achse der Zeit untersuche. Dazu müßte man jedoch die Erscheinungen gesondert betrachten, welche die Sprache von einem Zustand in den andern übergehen lassen. Die Ausdrücke *Evolution* und *evolutive Sprachwissenschaft* sind genauer, und ich werde sie häufig anwenden; im Gegensatz dazu kann man sprechen von einer *Wissenschaft der Sprachzustände* oder einer *statischen Sprachwissenschaft*.

Um aber diesen Gegensatz und diese Kreuzung der auf den gleichen Gegenstand bezüglichen Erscheinungen von zweierlei Art noch deutlicher hervorzuheben, ziehe ich es vor, von *synchronischer* und *diachronischer* Sprachwissenschaft zu sprechen. Synchronisch ist alles, was sich auf die statische Seite unserer Wissenschaft bezieht; diachronisch alles, was mit den Entwicklungsvorgängen zusammenhängt. Ebenso sollen *Synchronie* und *Diachronie* einen Sprachzustand bzw. eine Entwicklungsphase bezeichnen.

4. Eugen Coseriu:
Synchronie, Diachronie und Sprachgebrauch   1975

Das Problem der Antinomie von Synchronie und Diachronie ist im Grunde ein Scheinproblem, besser gesagt, ein unzutreffend formuliertes Problem. Denn so wie de Saussure diese Antinomie dargestellt hat, gehört sie nicht der Objektsebene, sondern der Betrachtungsebene an: es handelt sich hier nur um eine Verschiedenheit der Standpunkte, um eine methodische Unterscheidung (die dazu noch einer ganz bestimmten Methode eignet), die aber schon als reale, den sprachlichen Fakten selbst zukommende Unterscheidung interpretiert worden ist. Außerhalb dieser Methode handelt es sich dabei streng genommen um die Unterscheidung von Funktionieren und Zustandekommen der Sprache (»Sprachwandel«), und dementsprechend kann man sagen, die Sprache komme in der Diachronie zustande und funktioniere in der Synchronie; jedoch ist mit dieser Unterscheidung keine objektive Trennung gegeben, zumal für die Sprache das Funktionieren (»Synchronie«) und das Zustandekommen oder der »Wandel« (»Diachronie«) nicht etwa zwei Momente, sondern nur ein einziges sind. Wir müssen aber noch bei diesem letzten Punkt verweilen und erklären, wieso diese Antinomie auf der Objektsebene nicht existiert, oder auch in welchem Sinne das Funktionieren der Sprache und der Sprachwandel (die Spracherneuerung) in der Wirklichkeit zusammenfallen. Wie schon angedeutet wurde, wollen die Sprecher ihre Sprache im allgemeinen nicht verändern, sondern nur anwenden, d. h. sie einfach funktionieren lassen. Nun wandelt sich die Sprache aber bei ihrer Verwendung, und das bedeutet, daß der Gebrauch einer Sprache ihre Erneuerung und schließlich ihre Überwindung bedingt. Folglich muß die Sprache gewissermaßen die Kräfte zu ihrer eigenen Überwindung, zum sog. »Sprachwandel«, schon in sich tragen. Offensichtlich erfordert dies auch eine neue Konzeption der Sprachbeschreibung, wenn die Beschreibung ihrem Objekt auch wirklich angemessen sein soll. Allgemein betrachtet ist die Beschreibung der Geschichte nicht wesensfremd, wie oft behauptet wird, sondern ist in sie miteingeschlossen, da nämlich die Beschreibung eines Gegenstands zu einem bestimmten Zeitpunkt seiner Geschichte natürlich auch zu eben dieser Geschichte gehört. Wenn nun der Sprachgebrauch die Möglichkeit von Veränderungen enthält, dann muß auch eine Beschreibung des Sprachgebrauches und seiner Voraussetzungen eine solche Möglichkeit begründen. Mit anderen Worten, wenn die Sprache Gegebenheit und Möglichkeit zugleich ist, dann muß auch jede Beschreibung diese beiden Aspekte berücksichtigen, d. h., wenn die Sprachsysteme offene Systeme sind, dann muß man sie auch entsprechend beschreiben. Andererseits würde dies auch den wirklichen Gegebenheiten der Sprachtätigkeit und der allgemeinen Erfahrung der Sprecher selber entsprechen. Wie schon Humboldt und Croce bemerkten, lernt man nicht einfach eine Sprache, sondern man lernt, sich in ihr schöpferisch zu betätigen, d. h. das materiell Erlernte zu überwinden: eine Sprache beherrscht wirklich nur, wer dazu fähig ist, in ihr Neues zu schaffen, mit ihr vorher nie Gesagtes auszudrücken. Auf diese wesentliche Tatsache hat auch eine Richtung der nordamerikanischen deskriptiven Sprachwissenschaft, um die in letzter Zeit viel (zu viel) Aufhebens gemacht worden ist, hingewiesen – freilich ein wenig spät: gemeint ist die »transformationelle Grammatik«, deren Vertreter erkannt haben, daß gerade die Sprachbeschreibung, um sich dem anzunähern, was die Sprache für ihre Sprecher ist, sich nicht auf das in einem »Korpus« Gegebene beschränken darf, sondern auch die Möglichkeit, über dies Gegebene hinauszugehen, berücksichtigen muß, anders gesagt, daß eine angemessene Beschreibung den »Unendlichkeitscharakter« der Sprache wiedergeben muß.

5. Peter von Polenz:
Sprachwandel und Sprachgeschichte   1977

Sprache hat, als ein hörbares Kommunikationsmittel, linearen Zeichencharakter, z. B. im Unterschied zu einem bildlichen Verkehrsschild: Sie existiert nur im Zeitablauf. Das zeitliche Nacheinander der Laute und Wörter muß zwar bis zum Abschluß des Satzes oder einer anderen kleineren Redeeinheit als ein Miteinander gegenwärtig bleiben. Aber schon eine vor fünf Minuten gesprochene Äußerung kann der Vergessenheit anheimfallen; und der einzelne Sprachteilhaber wie die ganze Sprachgemeinschaft wissen in der Regel nicht mehr viel von dem, was sie vor zehn oder zwanzig Jahren gesprochen haben. Sprache ist in hohem Grade immer wieder ein Neuvollzug, bei dem selbst das schon oft Gesagte meist anders gesagt wird. Schon aus diesem Grundcharakter der Sprache – nicht nur aus dem Wandel der Welt und der Menschen selbst – erklärt es sich, daß sich jede Sprache ständig verändert. Zwar kann die schriftliche Fixierung einer Sprache diesen Prozeß verlangsamen; und die Gewöhnung an eine geregelte Schriftsprache kann über die Unaufhaltsamkeit des Sprachwandels hinwegtäuschen. Aber stillgelegt wird der Sprachwandel niemals, es sei denn, es handelt sich um eine in Traditionen erstarrte reine Schriftsprache wie das Latein, das von keiner wirklichen Sprachgemeinschaft mehr gesprochen wird und deshalb heute keine Geschichte mehr hat.

Der Sprachwandel wird vom normalen Sprachteilhaber

gewöhnlich nicht bemerkt, denn Sprache funktioniert immer nur als unbedingt gültiges *synchrones* Kommunikationssystem einer gegenwärtigen Sprachgemeinschaft, muß also als grundsätzlich unveränderlich erscheinen. Nur demjenigen, der ein außergewöhnliches Erinnerungsvermögen hat oder mit Sprachdokumenten aus der Vergangenheit zu tun hat, ist die *diachronische* Blickrichtung möglich, die den *Sprachwandel* erkennen läßt. Wer nur selten dazu Gelegenheit hat und nur zufällige Einzelheiten des Sprachwandels beobachtet, ist meist darüber verwundert und neigt zu der Ansicht, früher habe man noch »falsch« gesprochen, oder aber (in sentimentaler oder historistischer Ehrfurcht vor der Vergangenheit): die Sprache der Vorfahren sei noch nicht vom modernen Zeitgeist »verderbt« gewesen. Schon seit uralten Zeiten sind die Menschen über den Sprachwandel und die damit zusammenhängende Sprachverschiedenheit beunruhigt gewesen. Sie haben das unfaßliche Phänomen der Wandelbarkeit und Zersplitterung der doch unbedingte Gültigkeit beanspruchenden Sprache mythologisch gedeutet als eine Strafe für Sünden, die die Menschen vom göttlichen Ursprung der einen und wahren Sprache entfernt habe (Babylonische Sprachverwirrung). Die Vorstellung von der göttlichen »Ursprache« und der Heillosigkeit der Menschensprachen und ihrer Geschichte wirkt teilweise noch bis in die Zeit der Romantik nach; und die Klage über den ständigen *»Sprachverfall«* ist noch heute ein beliebter Topos in der kulturpessimistischen Sprachkritik, nicht zuletzt weil man gewohnt ist, die lebende Sprache der Gegenwart am Vorbild des »Klassischen« oder des »Urtümlichen« zu messen. Seit der Aufklärung werden Sprachwandel und Sprachverschiedenheit mehr und mehr als selbstverständliche Erscheinungen der menschlichen Sozialgeschichte anerkannt. Moderne Soziolinguistik meidet die Verabsolutierung des abstrakten Begriffes »eine Sprache« und sieht »Sprachgeschichte« mehr als Geschichte des sprachlichen Handelns und Handelnkönnens von Gruppen.

Nicht alle diachronische Sprachbetrachtung ist schon

Sprachgeschichte. Die Beschreibung historischer Sprachzustände und -vorgänge ist zunächst Aufgabe der historischen Grammatik und historischen Wortkunde. Aber ein z. B. für Etymologie und Textphilologie sehr wichtiger Lautwandel muß nicht auch sprachgeschichtlich relevant sein. Die Sprachgeschichtsschreibung wählt aus den Ergebnissen dieser Forschungsrichtungen die für die Entwicklung einer Sprache wesentlichen Erscheinungen des Sprachwandels aus und sucht auch nach ihren möglichen *außersprachlichen* Ursachen oder Wirkungen, sei es im politischen, sozialen, wirtschaftlichen, religiösen oder geistesgeschichtlichen Bereich, sei es mit der Frage nach dem Verhältnis zwischen Sprache und Schrift, zwischen Sprachgemeinschaft und Sprachraum oder nach dem Einfluß von fremden Sprachen. Sprachgeschichte fragt also nach der historischen Stellung der Sprache in der Gesamtkultur der jeweiligen Sprechergruppen.

Die Geschichte einer Sprache, auch einer modernen Kultursprache, beschränkt sich nicht auf die Sprache der Dichter oder die Hochsprache der Gebildeten. Sprachgeschichte ist nicht nur Stilgeschichte der schönen Literatur und der gepflegten Sprachkultur. Auch andere Stilbereiche müssen berücksichtigt werden, von der Gebrauchsprosa in Wissenschaft, Verwaltung, Politik, Wirtschaft und Technik bis zur spontanen Umgangssprache der verschiedenen sozialen Gruppierungen. *Literatursprache* und *Hochsprache* sind nur besondere Ausprägungen innerhalb einer Sprache. Sie haben nur eine begrenzte sprachsoziologische Basis; und es darf nicht vorausgesetzt werden, daß sie den gesamten Sprachzustand einer Zeit repräsentieren oder daß sie für den allgemeinen Sprachwandel allein ausschlaggebend sind. Die neuere Forschung legt deshalb besonderen Wert darauf, auch in früheren Sprachperioden hinter der Zufälligkeit oder Einseitigkeit der schriftlichen Überlieferung etwas von der sprachsoziologischen und stilistischen Differenzierung zu erkennen.

Sprachwandel kann sich auf verschiedene Weise im Sprachraum und damit in den Sprachgemeinschaften vollziehen. Die ältere Sprachwissenschaft rechnete meist nur mit organischem Wachstum von einer urtümlichen Einheit zur Vielheit durch Aufspaltung einer Sprache in Tochtersprachen (*»Stammbaumtheorie«*). Seit den siebziger Jahren des 19. Jahrhunderts wurde man mehr auf die Beeinflussung der Sprachen untereinander durch den Verkehr aufmerksam. Sprachliche Neuerungen können sich von einem Zentrum her überallhin »ausbreiten« (Monogenese), so daß sie in manchen Gegenden früher, in anderen später auftreten. Diese *»Wellentheorie«* arbeitet mit der abstrakt-dynamischen Vorstellung der »Sprachströmung« oder »Sprachstrahlung«, muß aber in der sprachsoziologischen Wirklichkeit mit dem Nachahmungstrieb rechnen und mit einer großen Zahl zweisprachiger Menschen, die eine Neuerung von einer Sprache in die andere übertragen können. Dabei spielt das sprachsoziologische Gruppenbewußtsein eine Rolle, das die Neuerungen einer anderen Sprache sich nicht nur passiv aufdrängen läßt, sondern oft auch – wie in der Mode – den Prestigewert eines bestimmten Sprachgebrauchs anerkennt und in stillschweigender Übereinkunft einen aktiven »Sprachanschluß« vollzieht. Einer allzu einseitigen Anwendung der Wellentheorie tritt neuerdings die *»Entfaltungstheorie«* entgegen, die viele zeitlich-räumliche Unterschiede aus polygenetischer Entwicklung erklärt. Ähnlich wie sich die Baumblüte im Frühling in der einen Landschaft früher als in der anderen entfaltet, so können auch in der Sprachentwicklung gemeinsame »Prädispositionen« mehrerer Sprachen oder Dialekte hier früher und dort später wirksam werden. Die Einzelerscheinungen des Sprachwandels sind oft nur äußere Symptome, deren Ursachen tiefer liegen (z. B. Akzent, Intonation oder die Entwicklung zum analytischen Sprachbau) und mit oft sehr alten Entwicklungstendenzen der Sprachstruktur zusammenhängen. Es gibt, mindestens im formalen Bereich der Sprache, Kettenreaktionen, die sich über Jahrhunderte und Jahrtausende erstrecken können.

6. Hermann Paul:
Prinzipien der Sprachgeschichte   1880

Suchen wir zunächst ganz im allgemeinen festzustellen: was ist die eigentliche Ursache für die Veränderungen des Sprachusus? Veränderungen, welche durch die bewußte Absicht einzelner Individuen zustande kommen, sind nicht absolut ausgeschlossen. Grammatiker haben an der Fixierung der Schriftsprachen gearbeitet. Die Terminologie der Wissenschaften, Künste und Gewerbe ist durch Lehrmeister, Forscher und Entdecker geregelt und bereichert. In einem despotischen Reiche mag die Laune des Monarchen hie und da in einem Punkte eingegriffen haben. Überwiegend aber hat es sich dabei nicht um die Schöpfung von etwas ganz Neuem gehandelt, sondern nur um die Regelung eines Punktes, in welchem der Gebrauch noch schwankte, und die Bedeutung dieser willkürlichen Festsetzung ist verschwindend gegenüber den langsamen, ungewollten und unbewußten Veränderungen, denen der Sprachusus fortwährend ausgesetzt ist. *Die eigentliche Ursache für die Veränderung des Usus ist nichts anderes als die gewöhnliche Sprechtätigkeit.* Bei dieser ist jede absichtliche Einwirkung auf den Usus ausgeschlossen. Es wirkt dabei keine andere Absicht als die auf das augenblickliche Bedürfnis gerichtete Absicht, seine Wünsche und Gedanken anderen verständlich zu machen. Im übrigen spielt der Zweck bei der Entwickelung des Sprachusus keine andere Rolle als diejenige, welche ihm Darwin in der Entwickelung der organischen Natur angewiesen hat: die größere oder geringere Zweckmäßigkeit der entstandenen Gebilde ist bestimmend für Erhaltung oder Untergang derselben.
Wenn durch die Sprechtätigkeit der Usus verschoben wird, ohne daß dies von irgend jemand gewollt ist, so beruht das natürlich darauf, daß der Usus die Sprechtätigkeit nicht vollkommen beherrscht, sondern immer ein bestimmtes Maß individueller Freiheit übrigläßt. Die Betätigung dieser individuellen Freiheit wirkt zurück auf den psychischen

Organismus des Sprechenden, wirkt aber zugleich auch auf den Organismus der Hörenden. Durch die Summierung einer Reihe solcher Verschiebungen in den einzelnen Organismen, wenn sie sich in der gleichen Richtung bewegen, ergibt sich dann als Gesamtresultat eine Verschiebung des Usus. Aus dem anfänglich nur Individuellen bildet sich ein neuer Usus heraus, der eventuell den alten verdrängt. Daneben gibt es eine Menge gleichartiger Verschiebungen in den einzelnen Organismen, die, weil sie sich nicht gegenseitig stützen, keinen solchen durchschlagenden Erfolg haben.

Es ergibt sich demnach, daß sich die ganze Prinzipienlehre der Sprachgeschichte um die Frage konzentriert: *wie verhält sich der Sprachusus zur individuellen Sprechtätigkeit?* wie wird diese durch jenen bestimmt, und wie wirkt sie umgekehrt auf ihn zurück? [...]

Die Sprachveränderungen vollziehen sich an dem Individuum teils durch seine spontane Tätigkeit, durch Sprechen und Denken in den Formen der Sprache, teils durch die Beeinflussung, die es von andern Individuen erleidet. Eine Veränderung des Usus kann nicht wohl zustande kommen, ohne daß beides zusammenwirkt. Der Beeinflussung durch andere bleibt das Individuum immer ausgesetzt, auch wenn es schon das Sprachübliche vollständig in sich aufgenommen hat. Aber die Hauptperiode der Beeinflussung ist doch die Zeit der ersten Aufnahme, der Spracherlernung. Diese ist prinzipiell von der sonstigen Beeinflussung nicht zu sondern, erfolgt auch im allgemeinen auf die gleiche Weise; es läßt sich auch im Leben des einzelnen nicht wohl ein bestimmter Punkt angeben, von dem man sagen könnte, daß jetzt die Spracherlernung abgeschlossen sei. Aber der graduelle Unterschied ist doch ein enormer. Es liegt auf der Hand, daß die *Vorgänge bei der Spracherlernung von der allerhöchsten Wichtigkeit für die Erklärung der Veränderung des Sprachusus sind*, daß sie die wichtigste Ursache für diese Veränderungen abgeben. Wenn wir, zwei durch einen längeren Zwischenraum von einander getrennte Epochen vergleichend, sagen, die Sprache habe sich in den Punkten verändert, so geben wir ja damit nicht den wirklichen Tatbestand an, sondern es verhält sich vielmehr so: die Sprache hat sich ganz neu erzeugt und diese Neuschöpfung ist nicht völlig übereinstimmend mit dem Früheren, jetzt Untergegangenen ausgefallen.

7. Walter Porzig:
Sprachwandel als Mode und Abweichung   1950

Was für den einzelnen gilt, trifft auch für ganze Gemeinden zu. Die sprachlichen Unterschiede zwischen den Altersklassen erweisen sich als Spiegelbilder von Veränderungen, die sich im größeren Rahmen vollziehen. Ein Wandel, der zuerst in einer Großstadt beobachtet wird, verbreitet sich im Laufe von Jahren und Jahrzehnten über die umgebende Landschaft, und zwar in der Weise, daß er zuerst von den Jüngeren, erst später und weniger durchgreifend von den Älteren mitgemacht wird.

Dieses Bild, das die sprachlichen Erscheinungen bieten, ist nun nichts, was der Sprache allein eigentümlich wäre. Genau in derselben Weise ändern sich und verbreiten sich Sitten und Gebräuche, so auch die Trachten. Was wir »Mode« nennen, ist nur ein Ausschnitt aus diesem allgemeineren gesellschaftlichen Tatbestande. Aber gerade die Erscheinung der Mode bietet uns bemerkenswerte Entsprechungen zum Wandel des Sprachgebrauchs. Wir wissen, daß sich Moden von bestimmten Mittelpunkten her verbreiten, sie werden in Paris oder London »kreiert«. Wir beobachten aber auch, daß einzelne Menschen, hochgestellte Persönlichkeiten, Künstler und Künstlerinnen, für das Aufkommen einer Mode entscheidend sein können. Das Auffallendste aber ist die Unerbittlichkeit, mit der sich eine Mode durchsetzt, obwohl nicht die geringste Zwangsgewalt hinter ihr steht. Dabei ist der Widerstand, den sie zu überwinden hat, nach Ort und gesellschaftlicher Schicht verschieden. Nur ganz selten gelingt es einzelnen, sich den Einflüssen einer Mode vollständig zu entziehen. Neben diesen Moden, die sich durchsetzen, gibt es nun aber immer wieder Neuerungen in Tracht und Sitte, die genau wie die Moden entstehen, aber nach kürzerem oder längerem Kampfe abgelehnt werden und verschwinden.

Alle diese Vorgänge finden wir auch bei der Entstehung und Verbreitung von sprachlichen Neuerungen. Auch hier gibt es bestimmte Punkte, von denen die Neuerungen ausstrahlen, der Einfluß führender Persönlichkeiten spielt eine Rolle, eine siegreiche Neuerung übt einen fast unwiderstehlichen Zwang auf den einzelnen aus, der Durchsetzung geht eine mehr oder weniger lange Zeit des Kampfes voran, und es gibt Neuerungen, die sich überhaupt nicht durchsetzen. Die Frage nach den Ursachen und Bedingungen dieses Geschehens soll uns jetzt beschäftigen.

Von Anfang an müssen wir uns darüber klar sein, daß jede Veränderung des Sprachgebrauchs, d. h. jede Abweichung von der üblichen Sprechweise, zunächst ein Fehler ist. Und sie bleibt ein solcher, bis sie sich durchgesetzt hat, d. h. als Regel anerkannt ist. Dann wird die bis dahin einzig richtige Sprechweise ihrerseits zum Fehler. Die Frage nach den Ursachen solcher Veränderungen hat also ein doppeltes Ziel: sie fragt erstens danach, wie Abweichungen vom Sprachgebrauch entstehen, und zweitens nach den Bedingungen, unter denen sie sich durchsetzen.

8. André Martinet:
Das Prinzip des geringsten Kraftaufwandes   1963

Die sprachliche Entwicklung läßt sich ansehen als gelenkt durch die ständige Antinomie zwischen den Kommunikationsbedürfnissen des Menschen und seiner Tendenz, seine geistige und körperliche Tätigkeit auf ein Minimum zu beschränken. Hier wie sonst ist das menschliche Verhalten dem Gesetz des geringsten Kraftaufwandes unterworfen, nach dem der Mensch sich nur verausgabt, soweit er damit seine Zwecke erreichen kann. Es ließe sich einwenden, daß die menschliche Tätigkeit im allgemeinen und die sprachliche im besonderen ein Selbstzweck, ein Spiel sein können: Das Schwatzen ist oft eine zweckfreie Betätigung, die nicht wirklich auf Kommunikation abzielt, sondern eher auf eine Art »Kommunion« (gefühlsmäßige Verbundenheit), was zwei ganz verschiedene Dinge sind. Das schließt aber nicht aus, daß die sprachliche Entwicklung durch das Gesetz des geringsten Kraftaufwandes bestimmt wird: Das Spiel gibt dem Spielenden ja nur Genugtuung, soweit er seine Regeln respektiert; diese werden im Falle der Sprache durch die Verwendungsweisen des Werkzeugs Sprache zu Verständigungszwecken diktiert.

In jedem Stadium der Entwicklung kommt es zu einem Gleichgewicht zwischen den Mitteilungsbedürfnissen, die zahlreichere, spezifischere, nicht so häufig auftretende Einheiten verlangen, und der menschlichen Trägheit, die zum Gebrauch einer beschränkten Zahl von Einheiten drängt, die allgemeineren Wert haben und häufiger verwendet werden.

9. Franz Dornseiff:
Bedeutungs- und Bezeichnungswandel   1966

Der Semasiolog geht dem Lauf des Sprachwandels mit der Fragerichtung nach: warum bedeutet das Wort n zuerst die Sache x, dann aber die Sache y? Die Bedeutung hat sich gewandelt; warum wohl? Wird die Frage so gestellt, so benötigt man oft sehr sublime Überlegungen, die zuweilen zu unmöglichen Resultaten führen. Um also bei nicht ganz einfachen Fällen von Bedeutungswandel die psychologischen Gründe nicht falsch zu sehen, tut man besser, umgekehrt zu fragen, den sprachgeschichtlichen Vorgang in anderer Wegrichtung zu verfolgen, das Endresultat als Ausgangspunkt zu nehmen und von da zeitlich rückwärts zu fragen: Warum sagt man plötzlich für den Begriff y jetzt ein Wort n, mit dem man früher den Begriff x bezeichnet hat? Was sagt man sonst alles für den Begriff y? Dann treibt man statt Bedeutungslehre oder Semasiologie Bezeichnungslehre oder Onomasiologie.

10. Werner Betz:
Wortentlehnungen und Lehnprägungen 1952

Grundsätzlich gibt es zum Ausdruck einer fremden Vorstellung oder Sache nur drei verschiedene Möglichkeiten: Entlehnung des Wortkörpers mitsamt der neuen Bedeutung, Entlehnung der Bildungsart mitsamt der neuen Bedeutung, Entlehnung nur der neuen Bedeutung – Lehnwort, Lehnbildung, Lehnbedeutung. Am einfachsten liegen die Dinge beim Lehnwort: ein fremdes Wort, also Wortkörper und Wortbedeutung, wird in die eigene Sprache herübergenommen: Birne, Mauer, Bischof, Pfalz, Palast, Palais, Kaiser.
Bei den Lehnbildungen müssen wir jedoch einige Untergliederungen unterscheiden. Die Lehnbildung können wir allgemein definieren als die Neubildung eines Wortes aus dem Stoff der eigenen Sprache durch den Anstoß eines fremden Vorbildes. Aber das Verhältnis zu diesem Vorbild kann dreifacher Art sein. Das Vorbild kann Glied für Glied in die eigene Sprache übersetzt werden: *locus communis* wird »Gemeinplatz«, *curriculum vitae* »Lebenslauf«, *clairvoyant* »Hellseher«, *présence d'esprit* »Geistesgegenwart«, *maidenspeech* »Jungfernrede«, *misericordia* got. »armahairtiþa«, *Weltanschauung* schwed. »världsåskådning«, *Scheinwerfer* dän. »lyskaster«. Diese genaue Glied-für-Glied-Übersetzung nennen wir Lehnübersetzung.
Daneben gibt es aber auch Fälle von Lehnbildungen, bei denen nur ein Teil des fremden Vorbildes genau nachgebildet wird, während im übrigen freier und unabhängiger verfahren wird: *Objekt* wird zu »Gegenstand« (nachdem vorher auch die genauere Lehnübersetzung »Gegenwurf« versucht worden war), *patria* zu »Vaterland«, *paeninsula* zu »Halbinsel« (während das Französische und das Holländische

die genauere Lehnübersetzung »presqu'île« bzw. »schier-
eiland« haben), *eremita* zu »Einsiedler«, *Radio* zu »Rund-
funk«, *broadcasting* zu isl. »útvarp«, *purgatorium* zu »Fege-
feuer«, *oboedientia* wird zu ahd. »horsami« und weiter
»Gehorsam«. Diese Fälle einer nur teilweisen und freieren
Übertragung des Vorbildes nennen wir Lehnübertragung.
Schließlich gibt es noch eine dritte Art von Lehnbildungen,
bei denen das fremde Vorbild lediglich den Anstoß zur
Neubildung des Übersetzungswortes in der eigenen Sprache
gibt, ohne daß irgendeine formale Nachahmung geschieht.
Das geschah z. B., als nach dem ersten Weltkrieg für das bis
dahin gebrauchte und jetzt für deutsche Erzeugnisse verbo-
tene Wort *Cognac* ein Ersatz durch die Neubildung »Wein-
brand« geschaffen wurde. Ebenfalls als für das Tainesche
Milieu die dänische Bezeichnung »omverden« gebildet
wurde. Ebenso »Kraftwagen« für *Automobil* und »Flugzeug«
für *Aeroplan*. Das älteste deutsche Buch, der *Abrogans*, bietet
für *philosophus* die schöne Lehnbildung »unmezwizzo«,
»Unmäßigwisser«. Eine solche von ihrem Vorbild formal
unabhängige Lehnbildung nennen wir Lehnschöpfung. Ihr
gegenüber fassen wir die formal abhängigen Formen der
Lehnbildung, Lehnübersetzung und Lehnübertragung also,
als Lehnformung zusammen. Andererseits können wir den
Lehnwörtern gegenüber Lehnbildungen und Lehnbedeutun-
gen gemeinsam als Lehnprägungen bezeichnen.
Fassen wir unsere Gliederung des Wort-Lehngutes noch
einmal in einem Schema zusammen:

IV. Einzelne Themenkreise

A. Entwicklung der pronominalen Anrede

1. Jakob Grimm: Duzen und Ihrzen (nach G. Augst) 1832

Grimm stellt in seiner Grammatik folgende Regularitäten fest:

1. Gegenseitiges »du« galt unter Seitenverwandten.
2. Eltern duzen die Kinder, der Sohn ihrzt die Eltern, die Tochter sagt »du« zur Mutter.
3. Eheleute ihrzen sich.
4. Minnende ihrzen sich, gehen aber leicht in das vertraute »du« über.
5. Geringere ihrzen die Höheren, erhalten aber von diesen »du« (Papst »ir« ↔ »du« Kaiser).
6. Zwischen Freunden herrscht das »du«, manche Ritter ihrzen sich jedoch trotzdem untereinander.
7. Frauen, Geistliche, Fremde erhalten »ir«.
8. Personifizierte Wesen werden normalerweise geduzt außer der »vrou Minne«. Religiöse, überirdische Wesen duzt man.
9. »Das gemeine volk hat noch gar kein irzen unter sich angenommen, sondern bleibt beim duzen stehn.«
10. Im Affekt geraten »du« und »ir« durcheinander.

Er stellt fest, daß diese Anredeformen bis ins 16. Jh. gelten.

2. Friedrich Gedike: Über Du und Sie in der deutschen Sprache 1794

Ob es darum zu wünschen sein dürfte, daß unsere Sprache alle übrigen Formen der Anrede ausstoßen, und sich, wie das Neufranzösische, bloß auf das *Du* einschränken möchte, ist eine andere Frage, die ich wenigstens nicht bejahen mag. Vielmehr halte ich es für vorteilhaft, wenn eine Sprache *mehrere* Formen der Anrede hat; nur muß sie deren nicht so viele haben, als bisher die deutsche hatte. Freilich scheint man bis itzt geglaubt zu haben, daß die Zahl dieser Formen sich nach der Zahl der Verhältnisse im bürgerlichen Leben, oder gar nach der Zahl der Stände, gleichsam wie bei dem indischen Kastensystem, richten müsse. Wenn dies der ursprüngliche Zweck von der Mehrheit der Formen wäre, so würden wir im Deutschen bei allem unserm Reichtum dennoch dieser Formen noch immer zu wenige haben, und dieser Zweck würde am Ende dennoch durch das unausbleibliche Hinaufdrängen der niedern Klassen in die Prädikate der höhern vereitelt. Ich glaube vielmehr, daß die Mehrheit dieser Formen weniger zur Bezeichnung der zu vielfachen bürgerlichen Verhältnisse, als vielmehr zur genauern Bezeichnung des weniger mannigfaltigen Gemütszustandes, worin sich der Redende gegen den Angeredeten befindet, bestimmt war, oder doch bestimmt sein sollte. Ich glaube daher, daß es vorteilhaft für eine Sprache ist, wenn sie wenigstens zwei solcher Formen hat; die eine als Sprache des Herzens, die andere als Sprache des Verstandes; die eine als Sprache der – sei es freundschaftlichen oder feindlichen – Annäherung, die andere als Sprache der Entfernung und Zurückhaltung; die eine als Ausdruck der Empfindung, die andere als Ausdruck der Überlegung; die eine als Resultat der Leidenschaft, die andere als Ausdruck der kältern vom Verstande vorgeschriebenen Höflichkeit.

In der Tat hat noch bis itzt bei aller Herabwürdigung unser *Du* alle Eigenschaften der ersten Form, und es ist ein wahres Glück, daß unsere Sprache die Form des *Du* nicht gänzlich ausgestoßen hat, wie ihre Tochter, die Holländische, die diese Form ursprünglich hatte, aber sie so gänzlich verloren hat, daß sie nun sogar Hund und Pferd und jedes Tier mit der zweiten Person des Plurals (*gy* ihr) anredet.

3. Gerhard Augst: Flußdiagramm zur Ermittlung der pronominalen Anrede du/Sie 1977

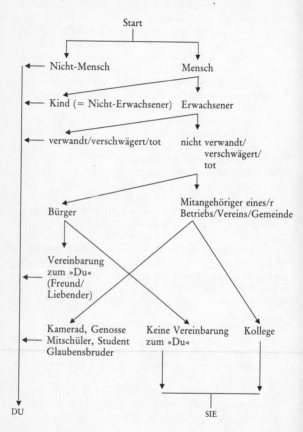

4. Joachim G. Leithäuser: Du und Sie   1965

Die Bekanntschaften, die man in Gesellschaft oder auch bei
Tanzveranstaltungen macht (bei öffentlichen Tanzveranstaltungen nennt man übrigens nicht seinen Namen, wenn man
eine Dame auffordert, sondern nur, wenn man an ihrem
Tisch Platz nimmt; ebensowenig stellt man sich normalerweise einer Reisebekanntschaft vor), führen manchmal zu
einem engeren persönlichen Verhältnis. Ein freundschaftli-
cher und ungezwungener Umgangston kann unter Umständen dazu führen, daß man sich mit »du« anredet. Die
englische Sprache kennt diesen Unterschied gar nicht mehr
(»you« für »Sie« und »du«), in der französischen Sprache,
die früher mit dem »Du« sehr vorsichtig umging, so daß
selbst Familienangehörige sich »siezten« (»vous«), wird
heute das »Du« immer mehr gebräuchlich, besonders unter
Arbeitskollegen. In Deutschland sind die Bräuche unterschiedlich. In sogenannten Schicksalsgemeinschaften (unter
Soldaten, Seeleuten, Sportskameraden usw.) ist das Du fast
so selbstverständlich wie in der Familie (daß Kinder ihre
Eltern mit »Sie« oder »Ihr« anredeten, ist heute kaum noch
Sitte). Vielfach ist es auch am Arbeitsplatz üblich, sich zu
duzen, und wer sich den dort herrschenden Bräuchen nicht
anschließen wollte, würde seine Kollegen kränken. Unter
früheren Schulkameraden bleibt diese Anrede meist das
ganze Leben lang erhalten.
In der Jugend kommt man sehr schnell zum »Du«, später
wird man zurückhaltender und wägt vorsichtig ab. Es gibt
durchaus gute Freundschaft, bei der die Anrede »Sie« zeitle-
bens gewahrt bleibt, ebenso, wie es Arten engeren Zusam-
menarbeitens gibt, bei denen das Wort »Sie« geradezu als
eine Schranke wirken würde.
Gewarnt werden muß allerdings davor, ein »Du« allzu
schnell, womöglich in feuchtfröhlicher Stimmung anzubie-
ten. Man wird nämlich dieses »Du« kaum wieder los, sofern
man nicht gleich beim ersten Wiedersehen das »Sie« vorsichtig und unauffällig wieder einführt. Eine – unter Umständen

allerdings durchaus nachahmenswerte – Ausnahme statuierte eine mir bekannte Dame, die mit einem Herrn nach einiger Zeit feierlich mit Sekt auf die Wiedereinführung des »Sie« anstieß.

Grundsätzlich gesehen, sollte man mit dem »Du« so zurückhaltend wie nur irgend möglich sein. Man wird sich peinliche Situationen wie etwa die ersparen, daß jemand, der es mit viel Fleiß zu etwas gebracht hat, in aller Öffentlichkeit laut von einem Nichtsnutz geduzt wird, der vor Jahrzehnten vielleicht einmal sein Skatbruder war.

5. Ulrich Ammon:
Anredeform und soziale Beziehung   1972

Die mit den betreffenden Sozialbeziehungen verknüpften Emotionen verbinden sich nämlich assoziativ mit den entsprechenden Anredeformen. Ganz natürlich drängt sich Erwachsenen in der Intimität diejenige Anredeform auf, die in der Phase ihrer primären Sozialisation, einer Zeit besonders enger Beziehungen zu einem anderen Menschen, gewöhnlich der Mutter, gebräuchlich war. Dies ist psychologisch der gemeinsame Kern der Anrede mit *du* innerhalb der Familie und bei intimen Beziehungen.

Erstaunlicherweise ist der einmal vollzogene Wechsel vom *Sie* zum *Du* im allgemeinen irreversibel. Selbst wenn einst freundschaftliche Beziehungen vollständig abkühlen, wird gewöhnlich am *Du* festgehalten. Fast scheint dieses perpetuierte *Du* zu verbürgen, daß die einmal angeknüpften Beziehungen nie mehr vollständig gelöst, jemals eng Bekannte niemals Fremde werden können. Bemerkenswert ist aber vor allem, daß die sprachliche Anredeform hartnäckiger bewahrt wird als die soziale Beziehung selbst, deren Ausdruck sie ist. Sogar wenn beiden Partnern die Abkühlung der Beziehung bewußt ist, halten sie gewöhnlich am einmal hergestellten *Du* fest. Daran wird deutlich, daß die drei

Ebenen: Wirklichkeit (hier: die objektive soziale Beziehung), Bewußtsein von der Wirklichkeit (hier: die Vorstellung von der sozialen Beziehung), sprachlicher Ausdruck (hier: die Anrede mit *Sie* oder *du*), auseinandergehalten werden müssen. Gleichwohl hängen diese drei Ebenen zusammen und lassen sich folglich aufeinander beziehen. Die Interdependenz erklärt freilich noch nicht, warum an der Anredeform hartnäckiger festgehalten wird als an dem, was ihr zugrunde liegt. Diese Verselbständigung einer Form gegenüber ihrem Inhalt entspringt der Grundtendenz zur Verdinglichung gesellschaftlich-funktionaler Phänomene im bürgerlichen Denken. Gleichermaßen wird bei der Ware der Tauschwert vom Gebrauchswert und dessen konkreter bedürfnisbefriedigender Funktion abstrahiert.

In der trotz veränderter Beziehungen beibehaltenen Anrede mit *du* drückt sich scheinhaft aus, was nicht mehr Wirklichkeit ist. Überhaupt enthalten die Anredeformen viel falschen Schein. Dies gilt sowohl für die symmetrische Anrede mit *du* als auch für diejenige mit *Sie*. In den bisherigen Überlegungen ist schon impliziert, daß die durch die Symmetrie der Anrede suggerierte soziale Gleichheit keine wirkliche ist.

6. Spiegel-Report:
»Sagen Sie gerne du zu mir«   1981

Wie das eigentlich passieren konnte, ist nicht mehr nachzuweisen. Es »fing schleichend an«, meint der Tübinger Professor Hermann Bausinger, »wie meistens diese Dinge schleichend anfangen«. Und »als es die Wissenschaft gemerkt hat, da war es schon zu spät«.

Einige schieben es den Leuten von der Apo in die Schuhe, die ja nicht gerade einhergeschlichen sind. Andere wieder glauben, daß die Erscheinung auf dem weiten Feld der Kulturgeschichte gewachsen ist, Ableger eines allgemeinen Wandels von Althergebrachtem.

Jetzt jedenfalls ist es nicht mehr zu überhören: Die Anrede du, die ehedem gebunden war an besondere menschliche oder familiäre Beziehungen, hat sich massenhaft unter den Deutschen verbreitet.

Daß, wie im April dieses Jahres eine Forschungsgruppe der Mannheimer Universität erfragte, 84,5 Prozent der Jungbürger bis zum 24. Lebensjahr es »gut finden«, wenn »die Leute schneller ›du‹ zueinander sagen«, mag niemanden überraschen. Doch selbst in der Altersklasse bis 49, die bei sportlichen Wettbewerben nicht einmal mehr zu den Jungsenioren zählt, findet eine Mehrheit Geschmack daran, 59,1 Prozent.

In der Wirtschaft, wo in den Chefetagen das Sie noch sicher schien, schwenkte eine ganze Möbelhauskette ins andere Lager. Bei »Ikea« duzen sich alle, bis obenhin, und nur ein einziges Mal, bei einer Kassiererin im nördlichen Ruhrgebiet, kam es vor, daß jemand wegen des Du dort nicht arbeiten wollte. In der SPD geschah es dem Sozialpsychologen Martin Irle, daß Parteifreunde, die ihn einst mit »Genosse Professor« ansprachen, jetzt platterdings du sagen.

Auf Schritt und Tritt muß heute einer darauf gefaßt sein, geduzt zu werden. Im Berufsfeld wie in zwangfreien Lebensbereichen, in der Disco oder im Freibad, selbst in Behördenzimmern – immer nur du.

An den Hochschulen gehört es seit langem zum guten Ton, nicht einfach mehr Sie zu sagen, und wer im Hosenladen nach einer Wrangler fragt, dem ist das Du auch ziemlich gewiß. »Eingeschnappt war da noch keiner«, sagt eine Verkäuferin im Jeans-Shop am Münchner Rindermarkt, »im Gegenteil, die reagieren oft sehr erleichtert.«

Das mag einem nun läppisch vorkommen, doch »Sprache ist«, wie der Bochumer Psychologie-Professor Hans Hörmann sagt, »soziales Geschehen«; mit dem Du werden, so weiß der Tübinger Ordinarius Hermann Bausinger, »bestimmte Ansprüche transportiert«, und welch heimtückische Fracht da mitunter auf den Weg gebracht wird, beschreibt der marxistisch bewanderte Linguistik-Professor Ulrich Ammon:

»Durch die Anrede mit du drücken Freunde und Liebende symbolisch eine Beziehung vermeintlich ganz privaten Charakters aus«, aber die »wähnen« nur, »die ihnen von der Gesellschaft aufgepreßte Charaktermaske abzulegen«.

B. Rechtschreibung im 19. und 20. Jahrhundert

7. *Johann Christoph Adelung: Gebrauch der großen Anfangsbuchstaben   1782*

§. 24. Der Gebrauch der großen Anfangsbuchstaben ist in dem Gesetze der möglichst leichten Verständlichkeit für das Auge gegründet, um gewisse Wörter und Umstände derselben dadurch sogleich sichtbar zu machen, und die Deutsche Orthographie beobachtet darin mehr Verstand und Einförmigkeit, als irgend eine andere. Sie gebraucht große Anfangsbuchstaben.

1. Zu Anfange einer jeden Rede und Periode, folglich so oft ein Punct die vorher gegangene Rede beschließt. Ingleichen nach einem Frage- und Ausrufungszeichen, wenn beyde einen Satz beschließen, folglich an Statt eines Punctes stehen. *Wer ist er? Wo kommt er her? Was will er?* Kommen sie aber in der Mitte eines Satzes oder einer Periode vor, so ist der große Buchstab unnöthig. *Wie lange willst du, Unglücklicher! noch zaudern.*

2. In distributiven Sätzen, auch wohl nach einem Colon, in beyden Fällen doch nur, wenn die Sätze mit Zahl-Figuren bezeichnet sind. *Meine Gründe sind: 1. Weil* u.s.f. Indessen sind hier auch kleine Buchstaben hinlänglich, und die großen scheinen bloß durch den Punct, mit welchem man gemeiniglich die Zahl-Figuren zu begleiten pflegt, veranlasset zu seyn.

3. Vor eigenen Nahmen und den davon abgeleiteten Adver-

biis und Adjectiven. *Europa, Europäisch, Asiatisch, Deutsche Sprache.* In Ansehung der von eigenen Nahmen abgeleiteten Beschaffenheits- und Eigenschaftswörter finden zwey streitige Analogien Statt, nach welcher die eine sie als eigene Nahmen mit großen, und die andere als Adverbia und Adjectiva mit kleinen Anfangsbuchstaben geschrieben wissen will. Der Gebrauch hat sich für die erste erklärt, um sie so gleich durch die Gestalt dem Auge als eigene Nahmen oder davon abstammend, darzustellen. Verba, welche von eigenen Nahmen abgeleitet werden, bedürfen keines großen Anfangsbuchstaben, weil sie die Eigenschaft eines eigenen Nahmens ganz ablegen, und völlig appellativ werden: *verdeutschen, ballhornisiren.* Da es Arten von eigenen Nahmen gibt, welche aus einem appellativen Substantive und einem appellativen Adjective bestehen, so bekommt das erste auch als Substantiv schon einen großen Buchstab, allein bey dem Adjective ist er unnöthig, weil es immer appellativ bleibt: *das schwarze Meer, der weiße Berg bey Prag, das alte Testament.* So auch, wenn ein eigener Nahme ein appellatives Adjectiv vor sich hat, *die obere Donau,* eben so wie man schreibt *der große Christopf, der berühmte Neuton.* Ein anderes ist es, wenn beyde in ein Wort zusammen gezogen werden, *Ober-Deutschland, Nieder-Sachsen.*

4. Vor allen Substantiven und als Substantiva gebrauchten Wörtern. Hierin hat die Deutsche Orthographie vor allen bekannten Sprachen etwas voraus, indem sie auf die übereinstimmigste Art alles, was ein Substantiv ist und als ein Substantiv gebraucht wird, mit einem großen Anfangsbuchstaben bezeichnet: *der Herr, die Geliebte, der Weise, das Rund der Erde, dein theures Ich, das Mein und Dein, das Gehen, das böse Aber.* Der Grund davon scheint theils darin zu liegen, weil wir so viele Substantiva haben, welche mit Adverbiis gleich lautend sind: *gut* und *das Gut, übel* und *das Übel, licht* und *das Licht, fett* und *das Fett, morgen* und *der Morgen* u.s.f., theils aber auch, weil die Deutsche Sprache das Vorrecht hat, daß sie einen jeden andern Redetheil als ein Substantiv gebrauchen kann. Daher die möglichst leichte

Verständlichkeit erfordert, sie in ihrer neuen Würde dem Auge so gleich kenntlich zu machen. Allein es kommen hier oft Fälle vor, wo eine entgegengesetzte Analogie entweder Ausnahmen veranlaßt, oder doch die wahre Schreibart ungewiß und schwankend macht. Die vornehmsten sind etwa folgende: 1. Oft wird bey einem Adjective das dazu gehörige Substantiv nur verschwiegen, daher es zwar die Stelle eines Substantives vertritt, aber doch nicht selbst ein Substantiv wird: *ein offenbar gottloser,* nähmlich *Mensch.* Allein, da *Gottloser* auch häufig als ein wahres Substantiv gebraucht wird, so kann es mit eben dem Rechte auch einen großen Buchstab erfordern. Es kommt daher in solchen Fällen bloß darauf an, welcher Begriff am deutlichsten hervor sticht, der Begriff eines Adjectives, oder Substantives, 2. Wenn Adjectiva mit Substantiven in der Apposition stehen: *Alexander der Große, Carl der Zwölfte.* Hier sind sie zwar an sich nur Adjective, welches deutlich erhellet, wenn man ihre Stelle verändert, *der große Alexander, der zwölfte Carl*; und in so fern wäre ein kleiner Buchstab für sie hinlänglich. Allein, da nur Substantiva in der Apposition stehen können, das Adjectiv folglich in die Würde und sämmtlichen Gerechtsamen eines Substantives eintritt, so schreibt man es in solchen Fällen am häufigsten mit einem großen Buchstaben. 3. Oft bekommen Adjective die Gestalt eines Substantives, stehen aber als Umstandswörter: *aufs beste, am ehesten, mit dem frühesten, aufs neue, in allem.* Hier hat der große Buchstab nur einen Grund für sich, aber zwey wider sich. Der erste ist die äußere Gestalt eines Substantives, die beyden letztern aber sind, der adjectivische Ursprung und die adverbische Bedeutung; daher man sie am liebsten mit einem kleinen Buchstaben schreibet. 4. Sehr oft stehen Substantiva als Umstandswörter: *an Statt, an Kindes Statt, Statt haben, Platz greifen.* So lange die substantivische Gestalt und Bedeutung nicht ganz verloren gehet, schreibt man sie billig mit einem großen Buchstaben.

8. Jakob Grimm:
Unsere verhüllende und entstellende Schreibweise
1854

Ich wollte auch den wust und unflat unsrer schimpflichen die gliedmaszen der sprache ungefüg verhüllenden und entstellenden schreibweise ausfegen, ja dasz ich dafür den rechten augenblick gekommen wähnte, war einer der hauptgründe mich zur übernahme des wörterbuchs zu bestimmen, dessen ganze ordnung fast an jeder stelle durch das beibehalten der unter uns hergebrachten orthographie sichtbar gestört und getrübt werden muste. es ist nichts kleines, sondern etwas groszes und in vielen dingen nützes seine sprache richtig zu schreiben. das deutsche volk hängt aber so zäh und unberaten an dem verhärteten schlimmen misbrauch, dasz es eher lebendige und wirksame rechte, als von seinen untaugenden buchstaben das geringste fahren liesze. unmittelbar mit dem ersten eindruck, den ein neu auftretendes wörterbuch hervor zu bringen im stande wäre, mit dem einflusz, den es allmälich üben könnte, schien es am schicklichsten zugleich die längst reife neuerung, vielmehr zurückführung der schreibregel auf ihre alte einfachheit zu verbinden; in der bewegung der zeit selbst hätte diese abkehr und wendung von dem bloszen schlendrian der letzten, nicht der früheren jahrhunderte minderes aufsehen erregt und sich unvermerkt den beifall oder die gewöhnung der menge gewonnen. Als aber sonst überall in die jüngst verlassenen gleise zurück geschoben wurde, leuchtete ein dasz es nun unmöglich gewesen wäre hier in die ältesten wieder einzulenken; was geschehen konnte, war eine nur theilweise zu versuchende abhülfe und linderung des hervorstechendsten übels.

9. Hans Messelken:
Einheitliche Schreibweise und politische Einheit   1974

Die entscheidende wende vollzieht sich erst etwa mitte des
19. jahrhunderts, als gegen die bis dahin übliche semantisie-
rende, phonetisierende und historisierende argumentation in
der orthographie Rudolf von Raumer in seiner auseinandersetzung mit Jacob Grimm, der sich u. a. für die gemäßigte
kleinschreibung eingesetzt hatte, verbindliche rechtschreibnormen aus politischen gründen fordert: »Der bei allen
neuen Festsetzungen und Änderungen unserer Rechtschreibung zuerst in Betracht kommende Gesichtspunkt ist, daß
die in der Hauptsache vorhandene Übereinstimmung der
deutschen Rechtschreibung nicht wieder zerrissen werde.
Auch eine minder gute Orthographie, sofern nur ganz
Deutschland darin übereinstimmt, ist einer vollkommeneren
vorzuziehen, wenn diese vollkommenere auf einen Teil
Deutschlands beschränkt bleibt und dadurch eine neue und
keineswegs gleichgültige Spaltung hervorruft« (Zeitschrift
für die österreichischen Gymnasien, Wien 1855, S. 32). Dies
argument, das später von Wilmanns und Duden oft aufge-
griffen wurde, hat die reformdiskussion bis heute bestimmt
(vgl. P. Grebe, Geschichte und Leistung des Dudens,
Mannheim 1968).
Die politisch motivierten normierungsabsichten von Rau-
mers, die auf eine ähnliche weise ein halbes jahr früher in
den Stiehlschen Regulativen einen unguten ausdruck gefunden hatten, treten bei dem Hersfelder Gymnasialdirektor
Konrad Duden stark in den vordergrund – allerdings erst
zwei jahrzehnte später, als großdeutsche träume kleindeut-
sche lösungen fanden. »Als in der französischen Königsstadt
die deutsche Kaiserwürde und mit ihr die politische Einheit
Deutschlands geboren ward«, schreibt Duden in der einleitung zu seiner 1872 erschienenen *Deutschen Rechtschreibung* (»Für die oberen Klassen der höheren Lehranstalten
und zur Selbstbelehrung für Gebildete«), habe er den plan
zur normierung der orthographie gefaßt. Vergeblich sprach

sich selbst Bismarck gegen die auf betreiben Dudens 1880 festgelegte preußische schulorthographie aus, deren anwendung er in einem erlaß vom 28. 2. 1880 seinen behörden »bei gesteigerter Ordnungsstrafe« verbot. Was Bismarck versagt. blieb, gelang Duden: Auf der »Orthographischen Konferenz« in Berlin wurde am 19. 6. 1901 sein »Orthographisches Wörterbuch« mit geringen änderungen, die man als reformbeiträge ausgab, akzeptiert und durch bundesratsbeschluß vom 18. 12. 1902 für alle deutschen bundesländer verbindlich. Als sich Österreich und die Schweiz bald darauf anschlossen, sah Duden seinen großdeutschen lebenstraum zumindest orthographisch erfüllt: Von Königsberg bis Como, von Norderney bis Wien hatten sich beamte, lehrer und alle von ihnen abhängigen nach Dudens orthographischen rezepten zu richten. Es wäre wohl eine genauere untersuchung wert, aus welchen gründen nationales empfinden, merkantile interessen und persönliche eitelkeit dieses mannes zur endgültigen festschreibung der deutschen orthographie führen konnten.

Das mißverständnis, einheitliche schreibweise habe etwas mit nationaler einheit zu tun, die politisch durchzusetzen nie gelang, ist offenbar um so schwieriger zu beseitigen, als eben diese politische einheit unerreichbar bleibt. Aus diesem grund schon ist anzunehmen, daß von der bundesrepublik keine ernsthafte reformanstrengung zu erwarten ist, da die abgrenzungsinteressierte DDR sich keine chance entgehen lassen dürfte, jeweils das gegenteil zu unternehmen.

10. Lehrbuch »Sprache und Sprechen«: Die Rechtschreibkonvention   1980

Die lautabweichenden Rechtschreibkonventionen sind das Ergebnis einer geschichtlichen Entwicklung und sind als Kompromiß um die Jahrhundertwende nach einem Vorschlag von K. Duden zu Normen erhoben worden. Die

Normen sind z. T. sehr unsystematisch und nicht immer scharf abgrenzend. Folgende lautabweichende Prinzipien, die einander z. T. ergänzen und überlappen, liegen den gültigen Rechtschreibnormen zugrunde:

Morphologisches Prinzip (Schreibtreue bei gleichen Wortstämmen): Ein Wort wird so geschrieben, daß in Flexionsformen, Wortableitungen und Wortzusammensetzungen das gleiche oder ein ähnliches Schriftbild gewahrt ist, auch wenn verschiedene Laute gesprochen werden, wie z. B. *Hund – Hundes, Haus – Häuser.*

Etymologisches oder historisches Prinzip: Ein Wort wird so geschrieben, daß seine (sprachgeschichtliche) Herkunft zu erkennen ist. Das wird einmal an Fremdwortschreibungen deutlich: *Chor, Corps, Orthographie, Chaussee* usw. Auch die Schreibung *ie* für langes [i:] ist historisch: ursprünglich gab es einen Zwielaut (Diphthong) [iə], z. B. mhd. fl[iə]gen, b[iə]ten, l[iə]be usw.: vgl. in heutigen Dialekten z. B. alemannisch l[iə]b. Dieser Diphthong wurde lautgerecht mit *ie* geschrieben. Neuhochdeutsch wurden alle diese Diphthonge zu [i:], während die alte Schreibung beibehalten wurde und sich nach dem Analogieprinzip (siehe unten) auch auf andere lange [i:] ausdehnte. Ähnlich ist das Längezeichen *h* nach *a, e, i, o, u* zu erklären, das zunächst dadurch entstand, daß inlautend ein *h* gesprochen wurde, das später verstummte, in der Schrift aber beibehalten wurde.

Grammatisches Prinzip: Ein Wort wird nach grammatischen Gesichtspunkten groß oder klein geschrieben (*Reif – reif – reifen*). Schwierigkeiten treten auf, wenn Wörter, die der Wortart nach nicht Nomen sind, in Satzgliedern die Funktion von Nomen haben (*Das Schreiben ist schwer*). Das grammatische Prinzip findet auch in der Zeichensetzung und in der Großschreibung am Satzanfang seinen Ausdruck. Außerdem wird danach *daß* und *das* unterschieden.

Logisches Prinzip: Ein Wort wird so geschrieben, daß Homophone (= Wörter mit gleicher Lautgestalt) in der Schreibung unterschieden werden (*Moor – Mohr, Lied – Lid* usw.).

Ästhetisches Prinzip: Ein Wort wird so geschrieben, daß sein Wortbild »gut« aussieht, deshalb stehen *st* und *sp* statt *scht* und *schp* oder *Sohn* statt *Son* oder *sein* statt älterem *seyn*.

Analogieprinzip: Ein Wort wird so geschrieben wie ähnlichlautende Wörter, bei denen aus historischen Gründen eine bestimmte Schreibung gilt. Dieses Prinzip spielt bei vielen *ie*-Schreibungen eine Rolle (siehe oben), desgleichen für die Längezeichen *h* und Verdoppelung des Vokalbuchstabens (*Boot* u. a.) zur Wiedergabe von langen Vokalen in der Schrift.

11. Fritz Rahn: Argumente der Reformgegner　　　1955

Faßt man die Argumente der Reformgegner knapp zusammen, ergibt sich das folgende Bild:

1. Durch die Preisgabe eines augenhaften Gliederungs- und Sinndeutungsprinzipes wird das lesende Verstehen erschwert und in gewissen Fällen unmöglich gemacht.
2. Die Neuordnung würde riesige finanzielle Opfer nicht bloß vom Buch- und Druckgewerbe erfordern, bis endlich ein Normalzustand erreicht wäre.
3. Kataloge, Karteien, Wörterbücher und andere Glieder des Riesenapparates unserer geistigen Verkehrsregelung würden auf Jahre hinaus in Verwirrung gebracht.
4. Das altgedruckte Schrifttum würde sogleich veralten und für eine entscheidende Zeitspanne außer Kraft gesetzt. Der geistige Verlust für die Volksbildung wäre unheilvoll.
5. Die »Kahlschur des reichen und schönen Schriftbildes« (R. Hagelstange) bedeutete eine Verkümmerung und Verödung und hätte die Auslöschung der Wortindividualität zur Folge. Damit wäre die schöpferische Physiognomik, die Assoziationskraft des ehrwürdigen Schriftbildes preisgegeben.
6. Das Schriftbild würde seiner suggestiv-expressiven

Kraft beraubt. Damit begänne schon der Angriff auf die Substanz der Sprache selbst.

7. Die Abschaffung der Großschreibung des Hauptwortes bedeutet den Verlust eines unersetzlichen geistigen Zuchtmittels: der deutsche Mensch würde nicht mehr lernen, sein Weltbild nach Substanz- und Akzidensbegriffen zu gliedern.

8. Das Schriftbild würde hinfort nichts mehr über die grammatische Bedeutung der Wörter und nichts mehr über das seelisch fühlbare Gewicht des Wortinhaltes aussagen, wie das bei der heutigen Schreibung der Fall ist.

9. Die polare Spannung zwischen ruhender Substanz und dynamischer Bewegung, die durch die Unterscheidung der Hauptwörter von den anderen Wortarten zum Ausdruck kommt, würde ebenso unbezeichnet bleiben wie die Polspannung zwischen der Geistigkeit, die im Kopf des Hauptwortes, und der natürlichen Vitalität, die im restlichen Buchstabenkörper versinnbildlicht werden.

10. Die Reform bedeutet eine schwere politische Gefährdung: sie dient der Nivellierung des Volkes auf die Tiefebene der Schwachbegabten und Bildungsunfähigen, wirkt daher im Sinne der materialistischen Verflachung und Entmündigung der Nation.

C. Sprachreinigung und Sprachpflege

12. Georg Philipp Harsdörffer: Ziele für eine »Teutsche Spracharbeit« 1644

Bevor wir aber näher zu der Sache tretten / und die widrigen Einreden beantworten / ist zu wissen daß die dickermelte Teutsche Spracharbeit nachfolgendes Absehen hat:

I. Daß die Hochteutsche Sprache in ihrem rechten

Was durch die Spracharbeit verstanden werde.

Wesen und Stande / ohne Einmischung fremder ausländischer Wörter / auf das möglichste und thunlichste erhalten werde.

II. Daß man sich zu solchem Ende der besten Aussprache im Reden / und der zierlichsten gebunden- und ungebundener Schreibarten befleissige.

III. Daß man die Sprache in ihre grundgewisse Richtigkeit bringe / und sich wegen einer Sprache und Reimkunst vergleiche / als welche gleichsam miteinander verbunden sind.

IV. Daß man alle Stammwörter in ein vollständiges Wortbuch samle / der selben Deutung/Ableitung/Verdopplungen / samt denen darvon üblichen Sprichwortern / anfüge.

V. Daß man alle Kunstwörter von Bergwerken / Jagrechten / Schiffarten / Handwerkeren / u. d. g. ordentlich zusammentrage.

VI. Daß man alle in fremden Sprachen nutzliche und lustige Bücher / ohne Einmischung fremder Flickwörter / übersetze / oder ja das beste daraus dolmetsche.

Dieses alles zu leisten ist viel mühesamer / als der / so solches noch niemal zu Sinne gebracht / in einem Nun erkennen und eilschwülstig beurtheilen kan.

13. Arthur Schopenhauer: Sprachstil und Gedanke
1851

Wer nachlässig schreibt, legt dadurch zunächst das Bekenntnis ab, daß er selbst seinen Gedanken keinen großen Wert beilegt. Denn nur aus der Überzeugung von der Wahrheit und Wichtigkeit unsrer Gedanken entspringt die Begeisterung, welche erfordert ist, um mit unermüdlicher Ausdauer überall auf den deutlichsten, schönsten und kräftigsten Ausdruck derselben bedacht zu sein; – wie man nur an Heiligtümer, oder unschätzbare Kunstwerke, silberne oder goldene Behältnisse wendet. Daher haben die Alten, deren Gedanken, in ihren eigenen Worten, schon Jahrtausende fortleben, und die deswegen den Ehrentitel Klassiker tragen, mit durchgängiger Sorgfalt geschrieben; soll doch Plato den Eingang seiner Republik siebenmal, verschieden modifiziert, abgefaßt haben. – Die Deutschen hingegen zeichnen sich durch Nachlässigkeit des Stils, wie des Anzuges, vor andern Nationen aus, und beiderlei Schlumperei entspringt aus derselben, im Nationalcharakter liegenden Quelle. Wie aber Vernachlässigung des Anzuges Geringschätzung der Gesellschaft, in die man tritt, verrät, so bezeugt flüchtiger, nachlässiger, schlechter Stil, eine beleidigende Geringschätzung des Lesers, welche dann dieser, mit Recht, durch Nichtlesen straft. Zumal aber sind die Rezensenten belustigend, welche im nachlässigsten Lohnschreiberstile die Werke anderer kritisieren. Das nimmt sich aus, wie wenn einer im Schlafrock und Pantoffeln zu Gerichte säße. Wie sorgfältig hingegen werden *Edinburgh review* und *Journal des Savants* abgefaßt! Wie ich aber mit einem schlecht und schmutzig gekleideten Menschen mich in ein Gespräch einzulassen vorläufig Bedenken trage; so werde ich ein Buch weglegen, wenn mir die Fahrlässigkeit des Stils sogleich in die Augen springt. Bis vor ungefähr hundert Jahren schrieben, zumal in Deutschland, die Gelehrten *Latein*: in dieser Sprache wäre ein Schnitzer eine Schande gewesen: sogar aber waren die meisten ernstlich bemüht, dieselbe mit Eleganz zu schreiben; und vielen gelang es. Jetzt, nachdem sie, dieser Fessel entledigt, die große Bequemlichkeit erlangt haben, in ihrer eigenen Frau-Mutter-Sprache schreiben zu dürfen, sollte man erwarten, daß sie dieses wenigstens mit höchster Korrektheit und möglichster Eleganz zu leisten sich angelegen sein lassen würden. In Frankreich, England, Italien ist dies auch der Fall. Aber in Deutschland das Gegenteil! Da schmieren sie, wie bezahlte Lohnlakaien, hastig hin, was sie zu sagen haben, in den Ausdrücken, die ihnen eben ins ungewaschene Maul kommen, ohne Stil, ja ohne Grammatik und Logik: denn sie setzen überall das Imperfektum statt des Perfektums und Plusquamperfektums, den Ablativ statt des Genitivs, brauchen statt aller Partikeln immer die eine »für«, die daher unter sechsmal fünfmal falsch steht, kurz, begehn alle die stilistischen Eseleien, über die ich im obigen einiges beigebracht habe.

14. Friedrich Nietzsche:
Nehmt eure Sprache ernst!   1872

Von Natur spricht und schreibt jetzt jeder Mensch so schlecht und gemein seine deutsche Sprache, als es eben in einem Zeitalter des Zeitungsdeutsches möglich ist: deshalb müßte der heranwachsende edler begabte Jüngling mit Gewalt unter die Glasglocke des guten Geschmacks und der strengen sprachlichen Zucht gesetzt werden: ist dies nicht möglich, nun so ziehe ich nächstens wieder vor, Lateinisch zu sprechen, weil ich mich einer so verhunzten und geschändeten Sprache schäme.

Was für eine Aufgabe hätte eine höhere Bildungsanstalt in diesem Punkte, wenn nicht gerade die, auktoritativ und mit würdiger Strenge die sprachlich verwilderten Jünglinge zurecht zu leiten und ihnen zuzurufen: »Nehmt eure Sprache ernst! Wer es hier nicht zu dem Gefühl einer heiligen Pflicht bringt, in dem ist auch nicht einmal der Keim für eine höhere Bildung vorhanden. Hier kann sich zeigen, wie hoch oder wie gering ihr die Kunst schätzt und wie weit ihr verwandt mit der Kunst seid, hier in der Behandlung eurer Muttersprache. Erlangt ihr nicht so viel von euch, vor gewissen Worten und Wendungen unserer journalistischen Gewöhnung einen physischen Ekel zu empfinden, so gebt es nur auf, nach Bildung zu streben: denn hier, in der allernächsten Nähe, in jedem Augenblicke eures Sprechens und Schreibens habt ihr einen Prüfstein, wie schwer, wie ungeheuer jetzt die Aufgabe des Gebildeten ist und wie unwahrscheinlich es sein muß, daß viele von euch zur rechten Bildung kommen.«

Im Sinne einer solchen Anrede hätte der deutsche Lehrer am Gymnasium die Verpflichtung, auf tausende von Einzelheiten seine Schüler aufmerksam zu machen und ihnen mit der ganzen Sicherheit eines guten Geschmacks den Gebrauch von solchen Worten geradezu zu verbieten, wie zum Beispiel von »beanspruchen«, »vereinnahmen«, »einer Sache Rechnung tragen«, »die Initiative ergreifen«, »selbstverständlich« – und so weiter cum taedio in infinitum. Derselbe Lehrer würde ferner an unseren klassischen Autoren von Zeile zu Zeile zeigen müssen, wie sorgsam und streng jede Wendung zu nehmen ist, wenn man das rechte Kunstgefühl im Herzen und die volle Verständlichkeit alles dessen, was man schreibt, vor Augen hat. Er wird immer und immer wieder seine Schüler nötigen, denselben Gedanken noch einmal und noch besser auszudrücken, und wird keine Grenze seiner Tätigkeit finden, bevor nicht die geringer Begabten in einen heiligen Schreck vor der Sprache, die Begabteren in eine edle Begeisterung für dieselbe geraten sind.

15. Karl Korn:
Sprachgeist und Sprachungeist   1959

Was in den vorangegangenen Kapiteln [des Buches *Sprache in der verwalteten Welt*; Hrsg.] an Stichproben vorgeführt und interpretiert wurde, ist Sprache der Zivilisation. Unter Zivilisation oder verwalteter Welt verstehen wir die technisch-industriellen, sozialen, administrativen, wirtschaftlichen und politischen Superstrukturen. Der Begriff Superstruktur, der in der modernen Soziologie, Kulturkritik und Sozialpsychologie eine Rolle spielt, heißt ins Deutsche übersetzt Überbau. Dieser Begriff ist in unserm Zusammenhang zu vermeiden, weil er durch die marxistische Geschichtsphilosophie einen Sinn erhalten hat, der sich nicht mit dem der

Superstruktur deckt. Superstrukturen sind die verwaltete Welt. Ihre hervorragendsten Kennzeichen sind das Schwinden oder Fehlen des individuellen Charakters, ihre Abstraktheit, ihre Differenzierung, ihre Ausdehnung über der Anschauung entrückte Räume und Ebenen, ihre Tendenz zur Erfassung erweiterter Geltungsbezirke. Arnold Gehlen hat in dem Buch *Die Seele im technischen Zeitalter* (Rowohlts Deutsche Enzyklopädie 1957, S. 53) eine kulturphilosophische Interpretation der Phänomene gegeben, die hier beim Namen genannt wurden. Unsere Materialsammlung und die dazugehörigen Interpretationen ergeben das Phänomen einer Superstruktur in der Sprache. Die Ausdehnung, die dieses Phänomen inzwischen erreicht hat, festzustellen, wäre die Aufgabe lexikographischer Gruppenarbeit für Jahre. Es ist fraglich, ob diese Aufgabe von Nurphilologen gelöst werden kann. Denn für die Vokabulare der verwalteten Welt gilt, was für die technisch-industrielle Superstruktur überhaupt zutrifft. Ihre Forschungsgebiete, ihre Sach- und Machtkomplexe und Organisationsgefüge sind nur noch Spezialisten in begrenzten Sektoren überschaubar. Die Sprache der Superstruktur ist wie diese fabriziert, geplant, synthetisch, künstlich. Gehlen hat darauf hingewiesen, daß die Technik »nature artificielle« sei und daß die Naturwissenschaften samt ihren technisch-industriellen Anwendungen sich vorzugsweise den anorganischen Stoffen und der Aufschließung ihrer Kräfte und Gesetze widmen.

Die Sprache der Superstruktur zeigt eine Tendenz zum Artifiziellen. Am deutlichsten kommt dies in jenen Kunstworten zum Ausdruck, die nicht von einem Lautgebilde, sondern von einem graphischen Zeichen der Schreib- und Druckschrift ihren Ausgang nehmen. Zwar ist der Ursprung solcher Kunstwörter die Abkürzung des Schreibbildes eines Worts. EKG (Elektrokardiogramm), AK (Aktienkapital), HV (Hauptversammlung), HKL (Hauptkampflinie), HTL (Höhere technische Lehranstalt), TH (Technische Hochschule), Gkdos (Geheime Kommandosache), Tbc und viele ähnliche Wörter erhalten ihre Verlautlichung von durch Konvention festgelegten Lautwerten, die dem geschriebenen ABC zukommen. Man spricht nicht nur Ekagé und Téha, man dekliniert auch: die Ekagés und die Téhas. Es ist nicht entscheidend, ob die Schulgrammatik die aus Buchstabenchiffren entstandenen Wörter bereits anerkennt oder ob sie sie je anerkennen wird. Die Entwicklungstendenz der Sprache der Superstruktur wird an den extremen Beispielen deutlich.

Halten wir uns an die Masse der sprachlichen Bildungen der verwalteten Welt. Das allgemeinste Merkmal ist, daß das Wort mehr und mehr statt des einzelnen Konkreten einen Stellenwert innerhalb großer künstlicher Ordnungsgefüge anzeigt. Das Wort wird zum Punkt in den Koordinatensystemen der Bürokratie. Daher die Tendenz zum Nomen, daher die Entsinnlichung der Grundworte, daher die Verwandlung von Wortkernen in Worthülsen. Die Worte der überlieferten Sprache haben numinose Kraft. Was dies eigentlich sei, ist etwa so schwer auszumachen wie, was Leben eigentlich sei. Wenn aus dem Bauer der Landwirt wird – eine Umbenennung, die schon einige Jahrzehnte alt ist; inzwischen heißt der Bauer bereits Betriebsleiter –, dann tritt ein Verlust an Wortfülle ein. Der Prüfstein ist die Verwendbarkeit im Gedicht. Die Poesie bedarf des numinosen Worts, was nicht bedeutet, daß die Zivilisation aus der poetischen Zone ausgeschlossen sei. Gottfried Benn ist ein großer Gegenbeweis. Moderne Poesie ist ironische Poesie; sie lädt die Zivilisationssprache magisch auf.

»Landwirt« ist ein Wort der Agrarindustrie, wie Volkswirt ein Wort der Nationalökonomie ist. Landwirt und Volkswirt sind instruktive Beispiele, weil ihre Bestandteile Land, Volk, Wirt altes Sprachgut sind. In der Zusammensetzung aber ergeben sie farblose Wörter, Fabrikate der Marktvergesellschaftung und der gesellschaftlichen Organisation. In der Sprache geschieht, was in der Umwelt, in der wir leben, vor sich geht. Die Zusammenhänge werden immer größer, die Kommunikationen immer vollständiger, die individuelle

Existenz von Personen und Lebewesen und die Konkretheit der Sachen wächst in immer mehr Bezugsebenen hinein. Das Konkretum selbst wird leer. Am Ende der Entwicklung steht das Ergebnis, daß der Massenmord an Millionen von Menschen mit dem schematischen Aktenwort »Endlösung der Judenfrage« bezeichnet wird. Ein ähnlich leeres Wort des verwalteten Massentodes ist die »Säuberung«. Die Endlösung klingt wie eine Rechnung mit Logarithmen, die Liquidation stammt aus der Revolutionsarithmetik der Sowjetrussen – und die Säuberung könnte dem Wortgebrauch der chemischen Ungeziefervertilgung entnommen sein. Die rechnerische Abstraktheit der Vorgänge und der Nomenklatur ist das Unmenschliche. Die Worte sind so schematisch wie die Akten, in denen der gewaltsame Tod von Millionen sich in Vollzugsmeldungen und Ziffern niederschlägt.

Unsere Sprache und alle Sprachen der Welt gehen in eine neue Phase ein. Der Komplex, den wir die Sprache der Superstruktur nannten, hat sich zwar aus überliefertem Sprachmaterial entwickelt, und es ist erstaunlich zu sehen, wieviel Bildkraft in der traditionellen Sprache immer noch steckt. Es wäre zu einfach zu sagen, daß die Sprache der Superstruktur sich durch vermehrte Abstraktheit von der bildhafteren, konkreteren, sinnlicheren Sprache der Vorfahren unterscheide. Die Sprache Kants, Lessings, Fichtes, Hegels ist dem flauen Organisationsidiom unserer Tage nicht nur an Genauigkeit, sondern auch an geistiger Anstrengung unendlich überlegen. Die Abstraktheit der Sprache der verwalteten Welt ist nicht philosophisch. Sie ist, wie wir durch Interpretationen von Wendungen und Wortbildungen zu belegen versucht haben, eine Sprache der Organisation, der Rubriken und Koordinaten.

Die *Maßnahme* setzt einen *Apparat* in Bewegung: da muß angeordnet, organisiert, koordiniert, durchgeführt werden; Schreibmaschinen klappern, Briefe werden befördert, Telefonate geführt, Bekanntmachungen erlassen, neue Dienststellen eingerichtet – wie tröstlich, daß dies alles *sofort* geschehen soll! Ein einzelner machte sich lächerlich, wollte er behaupten, er *ergriffe Maßnahmen*, es sei denn, er spräche im Namen einer Behörde. Übrigens ist das Wort *Maßnahme* ziemlich jung, knapp 150 Jahre alt, eine »moderne« Behördenvokabel, vermutlich nach dem Muster der nur ein Jahrhundert älteren *Maßregel* gebildet, die wiederum dem alten *Maßstab* nachgebildet ist. *Maßstab*, das war ein behördlich gemessener Stock, nach dem, wer des *Maßes* bedürftig war, *Maß nehmen* konnte. Das gibt sich noch ganz liberal: die Behörde stellt etwas zur Verfügung der Allgemeinheit und beschreibt es mit seinem Namen. Die *Maßregel* ist schon autoritärer; sie ist die Richtschnur (= *Regel*) für *Maße*, also eine Anordnung, die befolgt sein will. Die *Maßnahme* schließlich dreht die Verhältnisse um: da wird nicht mehr gesagt, wie der Bürger *Maß nehmen* kann oder soll; vielmehr *nimmt* die Behörde *Maß* an den Dingen, die sie bearbeiten muß, und sie bekundet ihren Eifer dadurch, daß sie ihn durch eine Tautologie sinnfällig macht (sie *ergreift* Maßnahmen*!*). – Wo der Bürger etwas *unternimmt*, eine Wanderung etwa oder eine Fahrt ins Blaue, muß die Behörde es, weil sie ihren *Apparat*, ein vielgliedriges Wesen, dabei bewegt, *durchführen*. Das ist keine Unmenschenvokabel, wie man gemeint hat, vielmehr ein Behördenterminus jüngeren Datums. Man kann es kulturpessimistisch bedauern, daß Behörden so sind und so arbeiten; aber das ist kein moralisches Verdikt und auch keine förderliche Kritik. Daß die Ämter, was sie *durchführen* wollen, verumständlichend *zur Durchführung bringen*, wurzelt in ihrem Bestreben, allen die Wichtigkeit und Mühsal ihrer Arbeit zu verdeutlichen. Dadurch wirkt die

Anstrengung verkrampft, eine Form behördlichen Kraft-protzentums, die uns noch beschäftigen wird. – Was sie nicht nach einem vielteiligen Plan *durchführt*, kann sie in einem einmaligen Akt *veranstalten*: Verkehrswochen, Altenabende, Kulturtage, Tagungen (die private Vereini-gung *hält* ihren Kongreß *ab*, die Stadt *veranstaltet* ihn: da wird wieder der organisierende *Apparat* deutlich). Ist eine *Maßnahme* geplant, muß dafür gesorgt werden, sie *anlaufen* zu lassen. Die Metapher ist der Technik entlehnt; nicht unbillig wird der Beginn der *Maschinen*arbeit mit dem des Behörden*apparates* verglichen; beide verbindet die Präzision des Arbeitsablaufs und das Ineinander der aufeinander abge-stimmten Arbeitsvorgänge. Nicht ohne Grund nennt man das Ganze der Behörde einen *Apparat* (Behörden-, Beam-ten*apparat*). Inhuman –? Auch dem Richter, der einen Pro-zeß *ablaufen* läßt, darf nicht unterstellt werden, er betreibe seinen Beruf, als ob er ein Uhrwerk in der Hand habe. *Apparat, anlaufen lassen, ablaufen* (um nur diese zu nennen) sind Umbindungen. Auch der Betroffene hört sie nicht mehr in ihrer ursprünglichen Bildhaftigkeit. Wohl aber vermitteln sie ihm einen Begriff von der Art, wie die Behörde ar-beitet.

Die Terminologie dieser Arbeit wird von der Statistik geprägt. Es gibt, scheint es, keine andere Methode, jedem Bürger in der wachsenden Vielzahl seiner Artgenossen das Seine an Gerechtigkeit im Verkehr, im Konsum, im Wohn-raum, in allen Lebensbereichen heute und morgen zukom-men zu lassen. Das bedingt, daß die Behörde in der Planung und bei ihrer Ausführung die Personen zu Gruppenangehö-rigen oder gar zu Ziffern schrumpfen lassen muß: überall rechnet man mit den handlichsten Einheiten. Es bleibt nicht aus, daß derselbe Bürger, wenn er an einer *Tagung teil-nimmt*, der Behörde als *Tagungsteilnehmer* wichtig wird, während er, weil er einem gewissen *Verein angehört*, in diesem Bezug ein *Vereinsangehöriger*, als *Steuerzahler* dage-gen ein *Steuerpflichtiger* wird (denn *Steuer*zahlen ist eine *Pflicht*; jeder weiß es).

17. W. E. Süskind: Echt – Einmalig   1962

Die Wörter haben mehr miteinander gemein als den Anfangsbuchstaben. Sie entspringen beide, wie so viele Lieblingsausdrücke des Unmenschen, dem Bedürfnis nach Steigerung, möglichst bis in den Superlativ. Nur daß die Richtung im einen Fall – bei *einmalig* – ganz nach außen, nach oben, in die schwindelnden Höhen des noch nie Erreichten geht; bei *echt* aber geht sie nach innen, ins Vertrauliche, »Menschliche«, schnurstracks bis an die Herznaht. So erklärt es sich, daß »einmalig« in *Hitlers* Reden eine große und inflationäre Rolle spielte und wohl von ihm und seinen Stilkopisten wenn nicht erfunden, so doch zu seiner unguten Bedeutung gebracht worden ist. »Echt« wiederum, in seiner gleichsam vergißmeinnicht-treuen Art, hat erst im feierlich wieder verkündeten demokratischen Zeitalter seinen vollen Flor erlangt. Es ist nicht mehr wegzudenken aus dem Wortschatz und vor allem aus dem Adjektiv-Portemonnaie des öffentlichen Redners: aus ihm holt er die Kupfermünze, wertbeständig und doch bescheiden, die ihn als einen Mann der guten alten Sitten zu erkennen geben soll. Es heißt wohl niemandem Unrecht tun, wenn man vermutet, daß dieses wie aus fortgesetzt bloßliegenden Seelentiefen hervorquellende »echt« nicht allzuweit vom »Anliegen« beheimatet ist: in den zunächst internen, bald aber ins öffentliche Leben überschlagenden Auseinandersetzungen der evangelischen Kirchen. Puritanertum schimmert ganz entfernt auf, wo immer auf die nachweisliche »Echtheit« eines »Anliegens« so viel exegetischer Daumendruck verwendet wird. Inzwischen aber sind beide Wörter längst von allem puritanischen Skruplertum weit entfernt und im festen Besitz des marktgängigen Lautsprechers: »echt« sowohl als das um nichts in seinem Ansehen geminderte »einmalig«.

Fangen wir mit diesem an. Es gehört von Hause aus zu den Zahlwörtern, und zwar zu den sogenannten Multiplikativen, die uns angeben, *wie oft* sich eine Sache ereignet. In der

Tat haftet ein Moment enger Auswahl dieser Wortgattung an: über zehn-, zwölf- oder zwanzigmal wird selten hinausgezählt; jenseits solcher Grenze hört das Mitzählen auf, interessant zu sein, und es beginnt der Bereich des Massenhaften und Unqualifizierten, mit dem hoffnungslosen Klagegeschrei: »Hundertmal, tausendmal hab ich dir umsonst gesagt ...« Es ist wahrhaftig nicht einerlei, ob ich im Leben nur einmal oder öfters einen Rausch gehabt habe, ob ich einmal, dreimal oder gar fünfmal verheiratet war, oder, wie Blaubart, ein dutzendmal. Die Multiplikation bezeugt zwar – in jenen vernünftigen Grenzen des allein noch Abzählenswerten – einen wachsenden Bestand von Erlebnis und Erfahrung; gleichzeitig aber zehrt sie mit der geometrischen Progression des wiederholten Sündenfalls an der Unschuld und Würde des ersten, erstmaligen und »einmaligen« Erlebnisses. Daher der hohe Wert, der diesem beigelegt wird und der sich auf alles überträgt, was in seiner Gattung einzigartig – oder sagen wir es besser mit dem Fremdwort: *unik* – zu sein scheint. Das wirkliche Unike haben wir ja, wie das Wort Gattung sagt, auf Erden noch nie angetroffen.

Die multiplikativen Zahlwörter können ihrem Wesen nach eigentlich nur als Adverbien auftreten, da sie ja – auf die Frage »Wie oft?« antwortend – über die näheren Umstände eines Vorgangs, nämlich über dessen größere oder geringere Wiederholbarkeit, Auskunft geben. Ebensowenig wie »kürzlich« oder »teilweise« ist das Wort »einmal« geeignet, sich vom Adverb zum Adjektiv aufzuwerfen, und doch ist bei allen drei Wörtern diese unorganische Verwandlung geschehen. Während aber das Sprachgefühl noch aufzuckt, wenn es lesen muß: »Bei ihrer kürzlichen Unterhaltung beschlossen die beiden Staatsmänner ...« oder: »Auch auszugsweiser Nachdruck untersagt«, erweckt das Adjektiv »einmalig« keine solche Abwehrreaktion mehr. Es ist aufgenommen; es scheint auch unentbehrlich. Und was bedeutet es? Komische Frage! Das einmalige Auftreten – einer Sängerin, einer Artistentruppe – wird mir angekündigt als der rein numerische Hinweis, daß ich nur einmal (und nicht etwa die ganze Woche hindurch) Gelegenheit habe, die Künstler in der Stadthalle auftreten zu sehen. Sicher ist auch der Dringlichkeits-Hinweis enthalten, der aus jeder »einmaligen« Gelegenheit gleich eine besonders rare und werthaltige machen möchte; aber der vom Unmenschen noch nicht geknechtete Zuhörer läßt sich von solchem Unterton nicht bluffen, sondern hält sich allein an die Zahlenangabe: *einmal* stattfindend, *zweimal* stattfindend – womit über die Qualität des Vorgangs noch nicht das geringste ausgesagt ist.

Wäre es dabei geblieben, so stünde das Adjektiv »einmalig« ein bißchen untergeordnet, aber unbescholten im Wörterbuch. Indessen hat der Unmensch eines Tages den Schlager gehört: »Das gibt's nur einmal, das kommt nicht wieder, das ist zu schön, um wahr zu sein...« – und beim Anhören dieser populären Gedankenlyrik kam ihm die Erkenntnis, daß sich das Wort »einmalig« außer auf die nur einmal *stattfindenden* Vorgänge, Gelegenheiten, Angebote und dergleichen zwanglos auch auf die nur einmal *vorhandenen* Erscheinungen anwenden lasse und daß dabei köstliche Möglichkeiten der Propaganda herauszuholen seien.

18. Klaus Natorp: Die Sprache verkommt   1982

Es gehört auch Mut dazu, sich gegen das tägliche Verhunzen der deutschen Sprache zu wehren. Wer schludrigen Umgang mit der Sprache anprangert, muß damit rechnen, von den Ertappten als kleinlich beschimpft zu werden – wie könne man nur so pedantisch sein. Es ist bequemer, alles hinzunehmen, wie es kommt, und so greift die Verwahrlosung der Sprache, ohne daß es die meisten recht gewahr werden, immer weiter um sich. Jeden Tag aufs neue ergießt sich als fader Einheitsbrei das schablonenhafte Deutsch der Nachrichtenverbreiter über das Land und leistet seinen Beitrag zur Verarmung der Sprache. Steter Tropfen höhlt den Stein. Selbst der Duden gibt schließlich nach und erlaubt Wörter

137

und Wendungen, die nicht erlaubt werden dürften, nämlich beinahe alles, was gerade gefällt.

Die Politiker wollen dabei nicht zurückstehen. Sie wirken schon seit vielen Jahren daran mit, das Deutsche seiner Ausdruckskraft zu berauben, indem sie immer wieder dieselben abgegriffenen Bilder und Redewendungen gebrauchen. Unentwegt werfen sie dem Volk Wörter an den Kopf wie »Ebene«, »Problematik«, »unverzichtbar«, »ausdiskutiert«, »vollinhaltlich«, »mehrheitsfähig«; ständig gehen sie von etwas aus. Das müßte die Leute allmählich anwidern, sie dazu bringen, Politikerphrasen zu meiden. Doch das Gegenteil ist der Fall. Wie eine Seuche breitet sich der platte Politikerjargon im Volke aus – wiederum begünstigt davon, daß das Fernsehen die Politikersprache täglich wiedergibt und wiederholt. »Die Schwächen des mündlichen Vortrags müssen wir im geschriebenen Wort vermeiden«, empfiehlt das Dudensche Stilwörterbuch. Das geschriebene Wort der Politiker ist jedoch selten besser als das gesprochene, das ohnehin meist abgelesen wird.

D. Sprache und Politik

19. *Wahlaufruf der Christlich-Sozialen Partei*   1903

Wahlaufruf.

Zu den Waffen! Am 16. Juni finden die R e i c h s t a g s - w a h l e n statt. An den deutschen Reichstagswählern liegt es, **mit dem Stimmzettel in der Faust** eine Änderung der trostlosen und unhaltbaren Zustände in Deutschland anzubahnen und den energischen Willen kundzugeben, daß unser Volk aus den **Klauen des Kapitalismus, des internationalen Ausbeutertums** gerettet und die Ketten gesprengt werden, mit welchen **das Judentum** und dessen Dienstmann, **»der Judenliberalismus«**, in schmählicher Gemeinschaft, mit allen Mitteln **der Hinterlist und feigen Grausamkeit** unser Volk gefesselt.

138

Wer noch ein Freund des **vaterländischen Bodens, deutscher, christlicher Kultur** ist, und wer nicht zugeben will, daß Deutschland zum **Versuchskarnikel** freihändlerischer, sozialdemokratischer und **internationaler Phantasten** und Theoretiker herhalten soll, wem es darum zu tun ist, die schaffenden Stände vor dem nahestehenden, **vollkommenen Ruin** zu retten, wer der **reellen, nationalen und produktiven Arbeit den gebührenden Lohn** sichern will, der kann nur den Kandidaten der **christlich-sozialen Partei** seine Stimme geben.

Katholiken und Protestanten! Vereinigt euch in brüderlicher Liebe gegen den **Todfeind des Deutschtums, den Judenkapitalismus** und die **asiatische Geldmoral!** Zeigt den **Mut des stolzen Germanen,** indem Ihr Alle, die Ihr unter der **skrupellosen** Konkurrenz des Judentums und der **furchtbaren Geißel des Großkapitals** lebet, am 16. Juni für diejenige Partei eintretet, von welcher das fremde Parasitenvolk mit **Entschlossenheit und nach Gebühr** bekämpft wird.

Christlich-sozial muß jeder Arbeiter, Bürger und Bauer, jeder Künstler, Litterat und Lehrer, jeder Richter, Offizier, Arzt und Rechtsanwalt, jeder Staatsbeamte und Bedienstete, Kaufmann und Handwerker, jeder Kleriker, Philosoph und Forscher sein, der **arischen** Blutes ist und der seine **Muttersprache** und seine **Heimat** liebt!

Nieder mit allen Schwächlingen und Humanitätsduslern, die dem Freiheitskampf des deutschen Volkes hinter dem Ofen zusehen wollen!!

Nieder mit denjenigen Parteien, welche zur **Schutztruppe des Judentums** herabgesunken, mit derselben in **volksverräterischen** Beziehungen stehen oder **liebäugeln!!**

Nehmt Euch **Alle** ein Beispiel an dem **Heldenmut** der **Christlich-Sozialen Wiens** und deren Feldherrn, und stimmt dafür, daß von den Frauentürmen Münchens am 16. Juni das **christlich-soziale** Banner weht!

Zu den Waffen!

An das deutsche Volk!

Seit der Reichsgründung ist es durch 43 Jahre Mein und Meiner Vorfahren heißes Bemühen gewesen, den Weltfrieden zu erhalten und im Frieden unsere kraftvolle Entwicklung zu fördern. Aber die Gegner neiden uns den Erfolg unserer Arbeit.

Alle offenkundige und heimliche Feindschaft von Ost und West und von jenseits der See haben wir bisher ertragen im Bewußtsein unserer Verantwortung und Kraft, nun aber will man uns demütigen. Man verlangt, daß wir mit verschränkten Armen zusehen, wie unsere Feinde sich zu tückischem Überfall rüsten, man will nicht dulden, daß wir in entschlossener Treue zu unserem Bundesgenossen stehen, der um sein Ansehen als Großmacht kämpft und mit dessen Erniedrigung auch unsere Macht und Ehre verloren ist.

> So muß denn das Schwert entscheiden.
> Mitten im Frieden überfällt uns der Feind.
> Nun auf zu den Waffen!

Jedes Schwanken, jedes Zögern wäre Verrat am Vaterland!

Um Sein oder Nichtsein unseres Reiches handelt es sich, das unsre Väter sich neu gründeten, um Sein oder Nichtsein deutscher Macht und deutschen Wesens. Wir werden uns wehren bis zum letzten Hauch von Mann und Roß. Und wir werden diesen Kampf bestehen, auch gegen eine Welt von Feinden. Noch nie ward Deutschland überwunden, wenn es einig war.

Vorwärts mit Gott, der mit uns sein wird, wie er mit den Vätern war!

Berlin, den 6. August 1914.

Wilhelm.

21. Adolf Hitler: Rede in der Garnisonkirche Potsdam
21. 3. 1933

Aufbauen wollen wir eine wahre Gemeinschaft aus den deutschen Stämmen, aus den Ständen, den Berufen und den bisherigen Klassen. Sie soll zu jenem gerechten Ausgleich der Lebensinteressen befähigt sein, den des gesamten Volkes Zukunft erfordert.

Aus Bauern, Bürgern und Arbeitern muß wieder werden ein deutsches Volk.

Es soll dann für ewige Zeiten in seine treue Verwahrung nehmen unseren Glauben und unsere Kultur, unsere Ehre und unsere Freiheit.

Der Welt gegenüber aber wollen wir, die Opfer des Krieges ermessend, aufrichtige Freunde sein eines Friedens, der endlich die Wunden heilen soll, unter denen alle leiden.

Die Regierung der nationalen Erhebung ist entschlossen, ihre vor dem deutschen Volke übernommene Aufgabe zu erfüllen. Sie tritt daher heute hin vor den Deutschen Reichstag mit dem heißen Wunsch, in ihm eine Stütze zu finden für die Durchführung ihrer Mission. Mögen Sie, meine Männer und Frauen, als gewählte Vertreter des Volkes den Sinn der Zeit erkennen, um mitzuhelfen am großen Werk der nationalen Wiedererhebung.

22. Kriegsbücherei der deutschen Jugend:
Bomben auf Coventry – Schilderung eines Luftkampfes um 1941

Während über Berlin die feuchtkalte, regnerische Novembernacht lastet, während zum gleichen Zeitpunkt deutsche Kampfflieger in unermüdlicher Einsatzbereitschaft – ungeachtet der Unbilden des Wetters – ihren regelmäßigen, nächtlichen Einsatz gegen England fliegen und draußen weit in Frankreich die Kameraden des Feldwebels Werner Handorf ihrer soldatischen Pflicht nachkommen, ersteht vor den

Augen der kleinen Familiengruppe unter dem Eindruck der packenden Schilderung ein Bild des täglichen Erlebens deutscher Frontflieger, geformt um ein Ereignis von besonderer Wucht – der nächtlichen Zerstörung eines feindlichen Rüstungszentrums! Coventry – ein Begriff unter den täglichen Vergeltungsflügen der deutschen Luftwaffe, ein Begriff auch für die Kraft der deutschen Hammerschläge, die wieder und wieder auf die friedlose Insel herniederprasseln. Coventry – das bedeutet auch Vergeltung für den feigen Überfall auf München, Vergeltung für die Störung einer Feierstunde des großdeutschen Volkes. Coventry zeigt auch, daß nach wochenlangen Vergeltungsflügen gegen die britische Hauptstadt und ihre kriegswichtigen Ziele nun auch andere Städte des Feindes die Wirkung deutscher Fliegerangriffe zu spüren bekommen sollen. Kurz gesagt: mit dem zermalmenden Angriff auf Coventry beginnt eine Reihe härtester Schläge auf britische Rüstungszentren in den Midlands und auf wichtigste Hafenstädte!

[...]

Aber der letzte Tommy ist zähe. Schon sieht Bergengrün, wie er wieder näher an die Ju herankommt. Diesmal ist er etwas höher und der Schütze entert schnell nach oben, um den Burschen hier gebührend zu empfangen. Da ist er!

Das MG des Gefreiten bellt los, der Engländer antwortet. Plötzlich schießt aus dem Flugzeug des Gegners eine Stichflamme; scharf saust das feindliche Flugzeug stur auf den Schwanz der Ju los. Jetzt bloß nicht noch einen Zusammenstoß! Aber wenige Meter hinter der Ju – Bergengrün hat das Gefühl, die Hitze der brennenden Maschine schlage ihm in das Gesicht – schießt der Tommy, eine lange Feuer- und Rauchsäule nach sich ziehend, in die Tiefe. Laut brüllt der glückliche Schütze Hurra! Handorf blickt sich um, legt dann das Flugzeug in eine Kurve, nun sehen auch er und der noch immer vorn unten am MG hockende Oberleutnant den brennend in die Tiefe stürzenden Briten.

Fein gemacht, Bergengrün, der dritte in deiner Nachtschmetterling-Sammlung!

23. Frontzeitung: *Der Jude als Erzfeind*   1944

Der Jude ist der Gegenpol des nordischen Menschen, der Erzfeind jedes freien Volkes überhaupt. Dem ordnenden und Werte schaffenden Führungsprinzip des Germanentums setzt der Jude das händlerische Machtprinzip entgegen.

Der schöpferisch-aufbauenden Weltanschauung des Nationalsozialismus mit ihrer idealistischen Zielsetzung steht im Bolschewismus und im Liberalismus der angelsächsischen Demokratien die jüdische Weltanschauung des *Materialismus und Individualismus* gegenüber.

Dieser Krieg – in seiner letzten Tiefe gesehen – ist der jüdische Weltkampf gegen die Befreiung der arischen Menschheit aus der geistigen und materiellen Hörigkeit Alljudas, während er auf der Seite Deutschlands zum Kampf um die Befreiung und Erhaltung der Menschheit gegen alle Versuche einer jüdischen Weltherrschaft geworden ist. Als solcher muß er in seiner letzten Grundsätzlichkeit kristallklar in unser geschichtliches Bewußtsein treten, und zwar nicht nur als der kriegerische Zusammenprall zweier in voller Ausschließlichkeit sich gegenüberstehender Welten an sich, sondern als der kriegerische Endkampf eines überzeitlichen Ringens, in dem von der Welt die Entscheidung abgefordert wird zwischen einer seit Jahrtausenden angestrebten jüdischen Weltherrschaft und dem schöpferischen Leben der arischen Rasse in Gegenwart und Zukunft.

24. Wahlanzeigen zur Bundestagswahl 1976

a) CDU

Ohne Freiheit, Sicherheit und Arbeit gibt es kein Glück. *

sicher, sozial und frei

* Im Frühjahr 1976 haben 1,3 Millionen
in unserem Land keine Arbeit.
Davon beträgt der Anteil der 20–30jährigen
über 30%.
Also mehr als 300.000 junge Menschen.

b) SPD

Worte machen keine Politik*

Natürlich haben Sie es längst bemerkt: Die CDU beschäftigt in ihrer Zentrale ganze Stäbe, die nichts als Begriffe und Formeln dichten. Statt Politik: Zuckersoße über Ungereimtes. Nebliges zur Ablenkung.

Haken Sie ab!

Wir nennen Ihnen gerne Beispiele für Worthülsen, die seit Wochen im Spiel sind. Hier eine erste Checkliste – Originalton CDU:

☐ Freiheit ist Gabe und Aufgabe
☐ Lebendige Republik freier Bürger
☐ Personale Verantwortung
☐ Soziales Wohlbefinden
☐ Lebendiges Unterpfand
☐ Sozialgarantie
☐ Neue, soziale Frage
☐ CDU Deutschlands
☐ statt/oder
☐ Führungsmannschaft
☐ Kämpferische Rede
☐ Freiheit beruht auf einer Wirklichkeit,
   welche die menschliche Welt überschreitet

Dichten Sie mit!

Wenn Ihnen noch Besseres auf- oder einfällt: Bitte schreiben Sie uns nach 5300 Bonn. Für Ihre Mühe schicken wir Ihnen als Trost einen brandneuen Reader von rororo zu. Titel: siehe oben*.

»Gewöhnlich glaubt der Mensch, wenn er nur Worte hört, es müsse sich dabei doch auch was denken lassen.« (Goethe, Faust I)

In diesem Sinne **Sozialdemokraten.**

a) SPD

Wer Kohl wählt,

stimmt gegen die

Frauen.

Wenn sich das ultrarechte Deutschland-Magazin über die Reform des § 218 – die neue Regelung des Schwangerschaftsabbruchs – empört, antwortet Kohl: „Ich verstehe diese Empörung völlig. Aber ich glaube nicht, daß das ein Wahlkampfthema ist. Nach der Wahl wird dies ein wichtiger Teil der notwendigen Gespräche bei der Bildung der neuen Regierung sein". Das ist Politik gegen die Frauen, verdeckt durch Wahlopportunismus. Das stellt eine Reform in Frage, die dem ungeborenen Leben eine bessere Chance gibt als das erneute Abdrängen der Frauen in die Illegalität.

Strauß will die Deutschen schon jetzt psychologisch auf neue Raketen vorbereiten, Zimmermann stellt die polnische Westgrenze in Frage, Schneider und Lambsdorff demontieren das soziale Mietrecht, Kohl läßt die Arbeitslosigkeit laufen – mit einem Wort: Die Rechtskoalition will unser Volk in Zustände zurückführen, die wir dank Willy Brandt und Helmut Schmidt überwunden hatten.

DEUTSCHLAND DARF NICHT NACH RECHTS KIPPEN

**Im deutschen Interesse.
Hans-Jochen Vogel**

b) CDU

Den Aufschwung schaffen

Nur mit uns
läuft's

Was die SPD in 13 Jahren an-
gerichtet hat, kann
keine Regierung in

Dieser Kanzler schafft Vertrauen

13 Wochen wieder in Ordnung bringen.
Aber der Anfang ist gemacht.
Die ersten Erfolge der Regierung
Helmut Kohl machen Mut: Die Zinsen
sinken, die Preise sind stabiler, die Mark
nimmt an Wert zu, und es wird wieder
gebaut. Wir sind auf dem richtigen Weg.
Nur mit uns kommt der Aufschwung.

Arbeit, Frieden, Zukunft

**Miteinander
schaffen wir's**

CDU
sicher
sozial
und frei

147

Manipulation: Herrschaftstechnik der Großbourgeoisie, die das Bewußtsein und Handeln der großen Masse des Volkes, entgegen deren objektiven Interessen, an das kapitalistische Gesellschaftssystem anzupassen und den Klasseninteressen der Großbourgeoisie, der imperialistischen Ideologie soweit wie möglich unterzuordnen sucht. Ohne daß sich die Menschen dessen bewußt werden, sollen ihr Weltbild, ihre Denkgewohnheiten, ihre Gefühlsregungen und ästhetischen Interessen, ihre gesamte Lebensweise den reaktionären Klasseninteressen der Imperialisten untergeordnet werden. Manipulation oder Manipulierung bedeutet, das Volk geistig zu deformieren, die zur Wahrung seiner eigenen Klasseninteressen aktiven, schöpferischen geistigen Fähigkeiten und Tätigkeiten zu rauben. Der einzelne Mensch, sein Ich, seine Persönlichkeit werden systematisch zerstört. Manipulation bedeutet die Uniformierung des Geistes, die Degradierung des ganzen Menschen zum Objekt der Monopole, der ausgeschlossen ist von Planung und Leitung, von Mitbestimmung und Mitdenken. Sie macht die arbeitenden Menschen zu »außengelenkten« (D. Riesman) Objekten. [. . .]

V. Arbeitsvorschläge

A. Allgemeine Aspekte

Im folgenden kann kein Abriß der deutschen Sprachgeschichte oder eine erschöpfende Einführung in Kriterien der Sprachanalyse gegeben werden. Einige Anhaltspunkte seien jedoch als Arbeitsgrundlage aufgeführt.

1. Sprachstil und Zeitstil

Bereits im Vorwort war vom Verhältnis interner und externer Faktoren bei der Sprachentwicklung die Rede. Grundsätzlich sollte man, da Sprache ja ein zeitbedingtes Kommunikations- und Erkenntnismittel darstellt, bei einer Analyse sprachliche Merkmale zu außersprachlichen Beziehungen setzen. Natürlich wird bei diesem Versuch abstrahiert und typisiert, also vereinfacht, meistens, wie es etwa Eggers vorschlägt (^{2}1978, S. 9 ff.), unter dem Begriff des *Stils*. Denn eigentlich gibt es ja nicht eine solch einheitliche Schriftsprache, wie es uns beispielsweise die Bezeichnungen »Deutsch«, »Neuhochdeutsch« oder »Deutsche Sprache im Barock« nahelegen. Man kann jedoch durch den Vergleich repräsentativer Texte und Textsorten eine Summe gemeinsamer Merkmale feststellen, welche die sprachliche Gestaltung zu einer gegebenen Zeit, gewissermaßen als »Durchschnittsbildung«, charakterisieren (zu verschiedenen Stilbegriffen vgl. u. a. Sanders 1973, S. 13 ff.). Unterhalb solch allgemeiner *Sprachstile* lassen sich, von der Zweckbestimmung der Ausdrucksformen her, *Funktionalstile* mit spezifischen Eigenheiten ausweisen, die Sanders in Anlehnung an die russische Germanistin Elise Riesel wie folgt referiert (Sanders 1973, S. 89):

  (I) Stil des *öffentlichen Verkehrs* (amtliche Texte, Dokumente, Vorschriften, Protokolle, Akten usw.);
 (II) Stil der *Wissenschaft* (wissenschaftliche und technische

Publikationen, Vorlesungen, Vorträge, Diskussionen usw.);

(III) Stil der *Publizistik und der Presse* (Zeitungsberichte, Nachrichten, Reportagen, Kommentare usw.);

(IV) Stil des *Alltagsverkehrs* (auch »Alltagsstil«, Umgangsstil« genannt, der alle Ausdrucksformen der nicht offiziellen Sphäre des Privat- und Familienlebens, des Arbeits- und Geschäftsverkehrs usw. umfaßt);

(V) Stil der *schönen Literatur* (literarisches Schrifttum aller Art).

Allgemeiner Sprachstil und Funktionalstile sind nun abhängig vom *Zeitstil*, d. h. – wiederum vereinfacht und verdichtet – von den Merkmalen einer Zeit, die sich aus den jeweiligen gesellschaftlichen Interessen und den individuellen Bedürfnissen ergeben. Einen Eindruck hiervon vermitteln Zeugnisse aus dem Alltagsleben, aus Politik und Kultur, auch literarische und wissenschaftliche Texte. Für einen Zeitstil sehr wichtig ist die sowohl von den Zeitgenossen als auch von uns heute als typisch empfundene Denk- und Handlungsweise einer Epoche, die wir natürlich wiederum nur aus schriftlichen Dokumenten rekonstruieren können.

2. Beschreibungsdimensionen

Wer den Sprachstil einer Zeit darstellen will, müßte zunächst systematisch das Zeichenrepertoire der Epoche erfassen. Dabei lassen sich drei *Zeichendimensionen* unterscheiden, die der Semiotiker Charles W. Morris 1938 in einer kleinen Programmschrift (deutsch: Grundlagen der Zeichentheorie, München 1972) herausgestellt hat:

1. Syntaktik (= Beziehung eines Zeichens zum gesamten Zeichensystem und sein Stellenwert in ihm);

2. Semantik (= Beziehung eines Zeichens zu den gemeinten Sachverhalten oder Gegenständen);

3. Pragmatik (= Beziehung eines Zeichens zu den Benutzern, d. h. den Menschen, die mit ihm agieren und auf es reagieren).

In einer Skizze verdeutlicht:

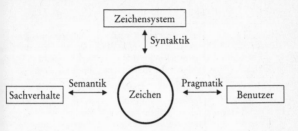

Die Syntaktik hat es ganz wesentlich mit *formalen* (struk-
turalen) Beziehungen zu tun, die Semantik mit *inhaltlichen*,
die Pragmatik mit *funktionalen*. Alle diese Dimensionen
oder Beziehungen müssen in Abhängigkeit voneinander
gesehen werden. So genügt es beispielsweise nicht, einen
(für uns ungewöhnlichen) Ausdruck wie »sunufatarungo«
aus dem *Hildebrandslied* (Text II, 3 c, Zeile 4) semantisch-
inhaltlich mit »Vater und Sohn« zu übersetzen. Wir müssen
sehen, daß es sich um ein Kompositum handelt; wir müßten
darüber hinaus eigentlich erfahren, ob diese substantivische
Form gebräuchlich war (= syntaktischer Aspekt), in welchen Zusammenhängen sie sprachlich (= semantisch und
syntaktisch) und in welchen Kontexten sie außersprachlich
(= pragmatisch) benutzt werden konnte, was im Sprecher
mit ihr zum Ausdruck bringen wollte und welche Wirkungen beim Hörer er damit auslöste (= pragmatisch). Um all
dies zu beurteilen, fehlen uns hier und auch sonst oft
zureichende Zeugnisse; und so gilt es, gerade gegenüber
bestimmten Interpretationen, die Lücken eilfertig schließen
und z. B. einen germanisch-heldischen Mythos begründen,
kritisch zu sein. Die Bildung von Ideologie setzt bei Semantik und Pragmatik ein, da wir dort auf Ausdeutung und
Wertung aufgrund zeitbedingter Maßstäbe angewiesen sind,
also *hermeneutisch-verstehend* verfahren müssen und nicht
mehr allein *empirisch-statistisch* ermitteln können.

3. Beschreibungsebenen

Ebenen	Erklärung	Anwendungsbeispiele
1 TEXTE-MATIK = Ebene des Textes	betrifft die innere Struktur eines Textes (als der natürlichen Erscheinungsweise von Sprache)	Textform einer Erzählung, eines Berichts, eines Liedes, etwa im Mhd.
2 LEXEMATIK = Ebene der Wortschatzeinheiten	betrifft die lexikalische Struktur, die Lexik (also vor allem Bedeutungsbeziehungen, paradigmatische Assoziationen)	Verhältnis von Substantiven und Verben in einem Bericht; Wortschatzumfang. – Bedeutungswandel vom Mhd. zum Nhd.
3 SYNTAG-MATIK = Ebene des Satzes und der Satzteile	betrifft die Verkettung und Verknüpfung von Wörtern, die Regeln ihrer linearen Kombination (syntagmatische Assoziationen)	Satzstrukturen (Parataxe bzw. Hypotaxe), Satzmuster; auch Satzlänge, z B. im Barock oder im Realismus
4 MORPHE-MATIK = Ebene der kleinsten bedeutungstragenden Einheiten	betrifft Flexion (Deklination und Konjugation) sowie Wortbildung (Komposition, Ableitung, Präfigierung, s. u.)	Pluralbildungen, etwa im Ahd.; Suffixbildungen, z. B. in der Aufklärungszeit; Komposita seit dem Mhd. (damals zweigliedrige, heute viergliedrige!)
5 PHONE-MATIK = Ebene der Laute	betrifft Einteilung, Anwendung und Funktion der Laute als der bedeutungsunterscheidenden Zeichen	Konsonantenbestand und -veränderungen im Ahd.; Diphthongierungen vom Mhd. zum Nhd.
6 PROSODIE = Ebene der paralingualen (sprachbegleitenden) Phänomene	betrifft u. a. Akzente, Betonung, Tonhöhe und Tonstärke, Sprechrhythmus	z. B. Sprechpausen (in der Barockzeit angedeutet durch die Virgel /)

152

Im sprachinternen Bereich unterscheidet man bei einer systematischen Analyse 6 Ebenen, mit deren Hilfe das Zeichenrepertoire horizontal (= *klassifizierend*) und vertikal (= *hierarchisierend*) geordnet werden kann (vgl. hierzu H. Messelken: Empirische Sprachdidaktik. Heidelberg 1971. S. 19; ferner Th. Lewandowski: Linguistisches Wörterbuch. Heidelberg ³1979/80).

Hier handelt es sich zwar ursprünglich um einen *strukturalistisch-synchronen* Untersuchungsansatz; er läßt sich jedoch, als Beobachtungsschema, auch für eine *diachronische* Analyse nutzen (beim Vergleich zweier oder mehrerer Sprachzustände). Sprachwandel kann, aber muß nicht zugleich auf allen Ebenen nachweisbar sein.

4. Wichtige Entwicklungen im Überblick

a) Das Deutsche und die Sprachen der Erde

Oft werden, nach ihren lautlichen und grammatischen Besonderheiten, die Sprachen der Erde in Familien eingeteilt. Bodmer (o. J.) nennt 9 solcher Familien (S. 181 f.): Indogermanisch, Finnisch-Ugrisch, Semitisch, Hamitisch, Tibeto-Chinesisch, Malaio-Polynesisch, Turko-Tatarisch, Dravidisch, Bantu. Das Deutsche gehört wie die meisten europäischen Sprachen (mit Ausnahme vor allem des Finnisch-Ugrischen) zu den *indogermanischen (idg.) Sprachen*, die in der vergleichenden Sprachwissenschaft auch indoeuropäische (ie.) Sprachen genannt werden. Sie bilden die größte Familie, die nach dem Anlaut des Leitworts »hundert« in *Kentum-Sprachen* (Anlaut mit Verschlußlaut k, wie im Lateinischen) und *Satem-Sprachen* (Anlaut mit Reibelaut s, wie im Altiranischen) eingeteilt wird. Sowohl Kentum- wie Satemsprachen kommen in Europa und Asien vor. Weiter vereinfacht, zugleich im germanischen Bereich etwas differenziert und unter Zuhilfenahme der (umstrittenen) Stammbaumtheorie (vgl. Text III, 5) sehen die Verhältnisse wie folgt aus:

Die Ausdrücke »Ingväonen«, Istväonen« und »Erminonen« stammen von Tacitus, der in seiner *Germania* (98 n. Chr.) eine erste Einteilung der Germanen vornahm.

Nach dem *grammatischen Bau* und den Modi grammatischer Veränderungen unterscheidet schon Humboldt vier Sprachgruppen (vgl. Moser [4]1961, S. 69 f.):

Gruppe	Merkmale	Zugehörigkeit
1 Isolierende Sprachen	bestehen aus unveränderbaren Wörtern; grammatische Beziehungen werden u. a. durch die Wortstellung ausgedrückt	Tibeto-chinesische Sprachen; malaio-polynesische Sprachen; einige Bantu-Sprachen
2 Inkorporierende (»einverleibende«) Sprachen	Ein Satzteil (meist das Prädikat) nimmt einen anderen in sich auf (= prädikative Sprachen)	Grönländisch Mexikanisch
3 Agglutinierende (»anklebende«) Sprachen	An die unveränderlichen Stämme treten unselbständige Teile (Suffixe)	Turko-tatarische Sprachen; finnisch-ugrische Sprachen; Japanisch
4 Flektierende (»beugende«) Sprachen	Grammatische Beziehungen werden ausgedrückt: a) durch Formveränderungen innerhalb der Wortstämme (z. B. durch Ablaut) b) durch Formveränderung der an den Stamm tretenden Endsilben	a) Semitische Sprachen (u. a. Hebräisch, Arabisch) b) Indoeuropäische Sprachen

b) Veränderungen vom Indogermanischen zum Deutschen

Im folgenden seien einige Entwicklungslinien charakterisiert, die im wesentlichen die Phonematik und die Morphematik betreffen, also Veränderungen im Lautbestand und bei der Wortbildung bzw. Flexion. Ausgegangen wird von der Tatsache, daß das Deutsche zur germanischen Gruppe der indogermanischen Sprachfamilie gehört, genauer: zu den westgermanischen Sprachen (wie auch das Englische).

Das *Germanische* unterscheidet sich vom Indogermanischen
1. durch die Festlegung des ursprünglich freien Wort-
   akzents auf die Wurzelsilbe (Stammsilbenbetonung, dynamischer Wortakzent);
2. durch Veränderungen im Konsonantismus (= die von
   J. Grimm so genannte erste – germanische – Lautverschiebung, ca. 1000–400 v. Chr.);
3. durch Veränderungen im Vokalismus (a-o-Wechsel).

Schematische Übersicht, wobei das Lateinische den indogermanischen, das Gotische (Ostgermanische) den germanischen Lautbestand repräsentiert:

Lautbestand		Beispiele			
idg.	→ germ.	lat.	got.	engl.	deutsch
stimmlose Verschlußlaute	stimmlose Reibelaute	pater tres pecu	þreis faihu	father	Vater Vieh
p / t / k	→ f/þ(Thong)/ ch				
stimmhafte Verschlußlaute	stimmlose Verschlußlaute	genu due edere	kniu twa itan	eat	
b / d / g	→ p / t / k				
stimmhaft aspirierte Verschlußlaute	stimmhafte Reibelaute	hostis (idg. *ghostis)	gasts		Gast
bh / dh / gh	→ b (w) / đ (th) / g				
langer Vokal	langer Vokal	mater		mother	
a	→ o				
kurzer Vokal	kurzer Vokal	octo			acht
o	→ a				

Durch die germanische Lautverschiebung entsteht also eine neue Lautgruppe: die (stimmhaften und stimmlosen) Reibelaute. Wie die neuhochdeutschen Beispiele zeigen, ergaben sich später noch weitere Konsonantenverschiebungen. Die Verlagerung des Akzents führte überdies langsam zur Abschwächung der jetzt unbetonten Auslautsilben, ferner zur Ausbildung des für die germanische Dichtung bezeichnenden Stabreims (Gleichklang von Anlauten, z. B. im *Hildebrandslied*: welaga nû, waltant got, wewurt skihit); dieser ist heute noch erhalten in alliterierenden Zwillingsformeln wie »Mann und Maus«, »Haus und Hof«, »Kind und Kegel« u. a.

Das *Althochdeutsche* (ca. 760–1070 n. Chr.) unterscheidet sich von den anderen germanischen Sprachen im wesentlichen durch Veränderungen im Konsonantismus (durch die zweite, sogenannte »hochdeutsche« Lautverschiebung während der Völkerwanderungszeit) und den i-Umlaut:

germ.	Lautbestand → ahd.	got.	Beispiele ahd.	nhd.
stimmlose Verschluß- laute	a) im Anlaut, im Inlaut nach Konsonant und Verdoppelung: Affrikata	pund plegan tehan holt folk	pflegan zehan holz folch	Pfund pflegen zehn Volk
p / t / k → pf / tz / kch				
	b) im Inlaut zwischen Vokalen und im Auslaut: Reibelaute (Spiranten)	greipan itan ik	griffan ezzan ih	greifen essen ich
p / t / k → ff / zz / hh (ch)				
stimmhafte Verschluß- laute	stimmlose Verschluß- laute	dags giban	tak kepan	Tag geben
b / d / g → p / t / k				
Umlaut von dunklen Vokalen durch hellen i-Vokal in der folgenden Silbe		gasti	gesti	Gäste

In morphematischer Hinsicht ist für das Althochdeutsche charakteristisch ein außerordentlicher Formenreichtum, der an zwei Beispielen gezeigt werden soll:

Kasus	a-Deklination		i-Deklination	
	Sing.	Plur.	Sing.	Plur.
Nom.	tag	taga	gast	gesti
Gen.	tagas	tago	gastes	gesteo, -io
Dat.	taga	tagum, -om	gaste	gestim
Akk.	tag	taga	gast	gesti
Instrum.	tagu, -o		gastiu	

Das *Mittelhochdeutsche* (ca. 1070–1350) unterscheidet sich vom Althochdeutschen formal vor allem durch
– die abgeschwächten Auslautvokale und -silben
(ahd. giban = mhd. geben, ahd. gibirgi = mhd. gebirge);
– die jetzt abgeschlossene i-Umlautung
(ahd. mari = mhd. maere, ahd. mohti = mhd. möhte).
Hand in Hand damit geht eine Reduzierung der Flexions-endungen; parallel dazu setzt sich der aus den lateinischen Hymnen übernommene Endreim durch.

Das *Neuhochdeutsche* (Frühneuhochdeutsch ca. 1350–1650; Ausbildung einer einheitlichen deutschen »Muttersprache« oder Standardsprache) unterscheidet sich vom Mittelhoch-deutschen eher durch Änderungen im Vokalismus, die bereits in althochdeutscher Zeit beginnen. Es handelt sich um zwei gegenläufige Entwicklungen, die sich an Merkver-sen demonstrieren lassen:
1. Monophthongierung: liebe guote brüeder liebe gute Brüder
                ie   uo   üe   i   u   ü
2. Diphthongierung: mîn niuwes hûs mein neues Haus
              i   ü   u   ei   eu   au

In morphematisch-syntagmatischer Hinsicht schreitet gleichzeitig ein Prozeß fort, der schon in althochdeutscher Zeit (mit dem Ersatz des alten Instrumentalis durch präposi-tionale Fügungen mit »durch« und »von«) beginnt: die

Entwicklung vom synthetischen zum analytischen Sprachbau. *Synthetisch* nennt man einen Bau, der grammatische Beziehungen im Wort selbst (durch Flexion etwa) zum Ausdruck bringt; der *analytische* Bau dagegen bevorzugt das Mittel der Umschreibung (vgl. den Rückgang des Genitivs oder des synthetischen Konjunktivs im heutigen Deutsch).

c) Wortherkunft und Wortbildung

Zum Schluß sei noch auf einen Gesichtspunkt eingegangen, welcher bei der Betrachtung von Texten aus verschiedenen Zeiten eine zentrale Rolle spielen wird: Erweiterung und Veränderung des Wortschatzes. Hierzu gibt es zwei Wege: einen exogenen und einen endogenen.

Exogene Erweiterung bzw. Veränderung geschieht über Anstöße von außen, durch Rückgriffe auf Kontakt-Sprachen: mit Wortentlehnungen und Lehnprägungen (vgl. Text III,10). In diesem Zusammenhang könnte die von Betz entworfene Skizze noch ergänzt werden, nämlich durch Wortentlehnungen (Fremdwort, Lehnwort); hierbei gelten Fremdwörter bekanntlich der Form und Betonung nach weiter als »Fremdlinge« (Barbár, Kalénder, Minerál, Soldát), während Lehnwörter »eingedeutscht« wurden (Birne, Mauer, Fenster). Mit dieser Ergänzung ließe sich dann der gesamte Wortschatz in drei Gruppen einteilen:

1. »*Erbgut*« (aus indogermanischer Zeit; Alltagsausdrücke aus dem Bereich der äußeren Lebensumstände: Herbst, Feind, Feuer);
2. *germanisches und deutsches Sprachgut* (mit neuen Differenzierungen gegenüber dem Indogermanischen: Abend; Baum, Beere);
3. *Lehngut* (Wortentlehnungen und Lehnprägungen seit römischer Zeit).

Die Art der Verarbeitung des Lehngutes hängt vornehmlich mit dem Zeitpunkt und den Umständen der Übernahme zusammen. So sind schon in althochdeutscher Zeit römische Ausdrücke aus den Bereichen des Handels und des Hausbaus Lehnwörter geworden (pfunt aus pondo, mura aus murus, venstar aus fenestra), während andere aus dem Staats- und Rechtswesen (kaiser aus Caesar) zunächst noch als Fremdwörter wirkten.

Endogene Erweiterung bzw. Veränderung geschieht mit den Mitteln der eigenen Sprache, d. h. mit den Möglichkeiten der Wortbildung. Hierbei sind im Deutschen drei Wege zu unterscheiden:

1. Bildung von *Komposita* (Zusammensetzungen aus mehreren freien oder wortfähigen Morphemen: mhd. herzeleid; nhd. Haupt-bahn-hof);
2. Bildung von *Ableitungen* (aus einem oder mehreren unfreien, nicht wortfähigen nachgestellten Morphemen = Suffixe und einem freien Morphem: Zeit-ung, Schul-ung; Orient-ier-ung);
3. Bildung von *Präfigierungen* (aus einem oder mehreren unfreien, nicht wortfähigen vorangestellten Morphemen = Präfixe und einem freien Morphem: Ver-lust; Ur-teil; ver-ur-teil-en).

Früher hat man die Möglichkeiten 2 und 3 als »Ableitungen« zusammengefaßt. Das verbietet sich bei systematischer und konsequenter Betrachtung jedoch deshalb, weil Präfixe ganz andere Funktionen haben als Suffixe und außerdem anders eingeteilt werden können. So sind Präfixe beispielsweise nicht wortklassenbestimmend (wie etwa die Suffixe -keit oder -ung); und man kann betonte und unbetonte Präfixe unterscheiden (vgl. hierzu auch Fleischer [2]1971, S. 73 f.).

Natürlich können endogene Erweiterungen / Veränderungen des Wortschatzes ebenfalls auf exogene Einflüsse zurückgehen. So sind unsere *nomina agentis* (Handwerk-er, Lehr-er) aus einer ahd. Ableitung nach dem lat. Suffix -arius entstanden: ahd. scribâri – Schreiber, trinkâri – Trinker.

B. Anregungen zu Textgruppen und Themenkreisen

Der Benutzer dieses Bandes soll nicht gehindert werden, seinen eigenen Zugang zu sprachgeschichtlichen Phänomenen zu finden. Die folgenden Hinweise wollen dabei nur vorsichtig helfen und lediglich Leitlinien für die unterrichtliche Behandlung aufzeigen. Sprachgeschichte ist zudem immer eng verbunden mit Kultur- und Sozialgeschichte. Deshalb wird, wie schon im Vorwort angedeutet, oft ein thematisches Zentrum gewählt, das die allgemeineren literarischen oder sprachlichen Diskussionen berührt, wie sie die Richtlinien für die Sekundarstufe II empfehlen. Mit Absicht bewegen sich so viele Arbeitsfragen in diesem weiteren Rahmen. Und manche Fragen zielen mehr auf den Inhalt, andere wiederum auf die sprachliche Form oder die Sprachfunktionen; viele greifen überhaupt über den einzelnen Text hinaus. Texte wie Fragen sollen damit ganz ernsthaft als *Anregung* verstanden werden: sie bedürfen notwendig der individuellen Ergänzung, Erweiterung und Ausgestaltung.

Texte zur Entwicklung der deutschen Sprache (II)

1. Etymologische Studien zeigen, wie und warum sich Wortgestalt und Wortbedeutung verändert haben. Dabei berücksichtigen, vor allem bei Abstrakta, die verschiedenen Darstellungen jeweils ganz andere Aspekte. Sie gewähren so einen Einblick in die Werkstatt des Philologen und geben Reflexe dieser Arbeit in allgemein zugänglichen Nachschlagewerken wieder.
   Analysieren und vergleichen Sie die vorliegenden Beschreibungen von Wortgeschichten! Wie geht etwa Moser (Text 1 a) im einzelnen vor, welche Hilfswissenschaften berührt er, welche Kenntnisse setzt die Lektüre seines Beitrags voraus? Welche Entwicklungslinien der Sprache werden in den Beispielen sichtbar, welche Gründe für Veränderungen genannt? Handelt es sich um Bedeutungserweiterungen oder um Bedeutungsverengungen?

Wo spielen in der Darstellung kulturhistorische, wo soziologische Kriterien eine besondere Rolle?
Weiterführungen: Wortgeschichten (Begriffsgeschichten) politischer Schlagwörter in verschiedenen etymologischen Lexika vergleichen. – Ursprung und Funktion der Wörter sowie der Sprache überhaupt anhand unserer Beispiele diskutieren (griech. etymos = wahr. Etymologie ist also wörtlich die Lehre von der »Wahrheit der Wörter«).

Ernst Wasserzieher / Werner Betz: Woher? Ableitendes Wörterbuch der deutschen Sprache. Bonn: Dümmler [18]1974.

Gero von Wilpert: Sachwörterbuch der Literatur. Stuttgart: Kröner [6]1979.

Karl Bühler: Sprachtheorie. Stuttgart: G. Fischer 1982. (UTB 1159.) (Neudruck der Ausgabe von 1934.)

2. Die beiden Nachrichtentexte (genauer: Ereignisberichte), die rund 60 Jahre auseinanderliegen, weisen manche Gemeinsamkeiten auf, z. B. im Aufbau. Es lassen sich jedoch auch Unterschiede in Textform, Satzbau, Wortwahl und Wortbildung feststellen. Welche Gründe sind wohl für diesen Sprachwandel maßgeblich? Wie korrespondieren hier Sprachstil (Funktionalstil) und Zeitstil?
Weiterführungen: Vergleich zweier ähnlicher Texte, die Eggers ([2]1978, S. 18 ff.) ausführlich bespricht. – Entsprechende Untersuchungen bei anderen Textsorten.

Hans Eggers: Deutsche Sprache im 20. Jahrhundert (s. Literaturhinweise).

Wilfried Klute: Sprachwandel: Tendenzen – Epochen – Probleme (s. Literaturhinweise).

Hans R. Fluck / Jutta Kruck / Michael Maier: Textsorte Nachricht. Dortmund: Crüwell-Konkordia [2]1975. (Sprachhorizonte 25.)

3. Die Beispiele charakterisieren das Althochdeutsche als *Übersetzungssprache* und als *Entlehnungssprache*; d. h., Anfänge einer deutschen Schriftsprache bilden sich erst allmählich aus unter dem Einfluß fremder Texte, fremder Bedeutungsinhalte und fremder Ausdrucksformen (z. B. stilistisch-syntaktische Einflüsse). Wie wird im einzelnen übersetzt, welche Unterschiede zeigen sich schon zwischen dem Gotischen (der ersten Bibelübertragung in eine germanische Sprache, Text 3 a) und dem Althochdeutschen, etwa im Laut- und Wortbestand? Unsere Texte eröffnen die Möglichkeit, die *Struktur sakraler Texte* (heidnische Zauberformeln und christliche Gebete) vergleichend zu analysieren. Wie wird in ihnen die Gottheit bezeichnet, angesprochen, beschworen oder »gebeten«? Welche Sprach- und Kultureinflüsse (sichtbar in den Lehnbeziehungen) spielen hier eine Rolle? Untersuchen Sie in diesem Zusammenhang, vor allem in Text 3 e über die Wochentage, genauer die Einwirkungen des Lateinischen und des Christentums! Sonderegger (1980, S. 575) bezeichnet das Althochdeutsche außerdem als *Übergangssprache* (vom Germanischen zum Deutschen) und als *Experimentiersprache*. Wie läßt sich eine solche Behauptung belegen, auch anhand anderer Texte und im Vergleich mit dem heutigen Deutsch? Hilfreich für diese Diskussion könnten z. B. neuere Übersetzungen althochdeutscher Texte bzw. eigene Übersetzungsversuche sein.

Weiterführungen: Vervollständigung und materiale Ergänzung des Schemas von Betz (Text III,10). – Untersuchungen zu deus, dominus, ecclesia, basilica und den entsprechenden althochdeutschen Lehnbildungen. – Überlegungen zu den Entlehnungen aus dem Bereich des römischen Kriegswesens (Pfeil, Kampf etc.) u. a.

Ernst Wasserzieher / Werner Betz: Woher? (s. Literaturhinweise), Einleitung, Teil III.

Hans Eggers: Deutsche Sprachgeschichte 1 (s. Literaturhinweise), S. 90–120.

Stefan Sonderegger: Althochdeutsch. In: LGL 3 (s. Literaturhinweise), S. 569–580.

4. In mittelhochdeutscher Zeit vollzieht sich die Auseinandersetzung zwischen Imperium (weltliche Macht) und Sacerdotium (geistliche Macht) sowie die Konsolidierung eines neuen Wertekanons. Reflexe davon spüren wir in allen hier angesprochenen Textgruppen (aus dem Bereich der höfischen Welt und der weltlichen/geistlichen Liebe), vor allem auch in den Sprüchen Walthers von der Vogelweide. In dem berühmten Reflexionsgedicht *Ich saz ûf eime steine* drückt Walther seinen Zwiespalt wie folgt aus:

> deheinen rât kond ich gegeben,
> wie man driu dinc erwurbe,
> der keines niht verdurbe:
> diu zwei sint êre und varnde guot,
> daz dicke einander schaden tuot;
> daz dritte ist gotes hulde,
> der zweier übergulde.

Hier ist dualistisch zwischen innerweltlichen und außerweltlichen Gütern unterschieden, in Anlehnung wohl an Ciceros Tugendkanon (honestum, utile; summum bonum).

a) Wie spiegeln sich mittelalterliche Wertvorstellungen im *Nibelungenlied*? Welche Funktion erhalten dabei Kampf, Wettkampf, Jagd (vgl. das *Hildebrandslied*, Text II, 3 c)? Untersuchen Sie in diesem Zusammenhang wortgeschichtlich Kennzeichnungen wie »küene«, »starke«, »hêrlîche«, »edel«; »degen«, »heleden«, »rekken«! Welche Aufschlüsse geben die beiden Übersetzungen?

Herzliebes frouwelîn ist ein Beispiel für Walthers Minnelyrik (»hôhe minne«), *Under der linden* dagegen für die späteren sogenannten »Mädchenlieder« (»nidere minne«). Wie sind Gefühle jeweils zum Ausdruck gebracht, in welchen Bildern und Metaphern? Achten Sie auch auf allgemeine Aspekte der Liebesbegegnung, wie äußeren Rahmen, Perspektive der Darstellung, Intensität der Beziehung und den Grad an Direktheit der Aussage! Wichtige Aufschlüsse gibt ein Vergleich mit neueren Liebesgedichten (Hugo von Hofmannsthal: *Die Beiden*; Erich Kästner: *Sachliche Romanze*; Karl Krolow: *Die Liebe*).

b) Die religiöse Sprache des 13. und 14. Jahrhunderts offenbart das Bemühen um die wesenhafte *Erkenntnis Gottes* und die »Vereinigung der suchenden Seele mit Gott« (Eggers 2, 1965, S. 175). In welchen Sprachbildern zeigt sich diese mystische Versenkung? Wie würden Sie die Beweisführung in den Texten charakterisieren? Welche Vorstellung von Gott und welches Verhältnis zu ihm birgt etwa die Metapher vom »fließenden Licht«? Verfolgen Sie bei Ihrer Analyse auch den Bedeutungswandel einzelner Wörter und Wendungen (»lichamen«, »dörper«, »spilen« etc.)!

Welchen Beitrag leistet die Mystik, z. B. über die Wortbildung, zur Ausgestaltung der deutschen Sprache? Vgl. hierzu u. a. auch Eggers 2.

Weiterführungen: Der Wertekanon des Rittertums im Hochmittelalter. – Die »Entdeckung des Ich« (Eggers) im Spiegel der mittelhochdeutschen Sprache und Kultur. – Der Gegensatz von amor (weltliche Liebe) und caritas (Liebe zu Gott) in Minnelyrik und Mystik. – Das Bild der Frau in der mittelhochdeutschen Literatur und Sprache.

Hans Eggers: Deutsche Sprachgeschichte 2 (s. Literaturhinweise), S. 175–211.

Werner Hoffmann: Nibelungenlied. Stuttgart: Metzler [5]1982.

Kurt Herbert Halbach: Walther von der Vogelweide. Stuttgart: Metzler [3]1973.

Heribert Rück: Gedichte von Walther von der Vogel-
weide und Hugo von Hofmannsthal. Ein Vergleich.
In: Der Deutschunterricht 14 (1962) Heft 3, S. 5–19.
Benno von Wiese (Hrsg.): Die deutsche Lyrik. Bd. 1.
Düsseldorf: Bagel 1959.

5. Die frühneuhochdeutsche Zeit ist für die deutsche
Sprachentwicklung außerordentlich wichtig: es setzt
sich die Muttersprache (»lingua vulgaris«) gegen das
bisher kulturell dominierende Latein durch; es vollziehen sich überregionale Ausgleichsvorgänge, unter maß-
geblicher Mitwirkung Luthers; es entsteht eine deutsche
Schreibsprache und Schreibkultur (»Verschriftlichung
des Lebens«), durch den Aufschwung von Buchdruck
und Schulbildung.
a) Inwiefern kommen Lehrdichtung und Volksbücher
der Forderung nach einem »Deutsch für jedermann«
(Eggers) sowie nach einer volkstümlichen Bildung entgegen? Welche Faktoren (wirtschaftlich, politisch, kulturell) haben diese Entwicklung begünstigt?
b) Die Texte betreffen noch einmal die Probleme der
Übersetzung und des Übersetzers (vgl. II, 3). Nach
welchem Prinzip und mit welcher Absicht verfuhr Luther? Welche Aufgabe übernehmen bei ihm Vergleiche,
Sprichwörter und Redensarten? Und wodurch unterscheiden sich im einzelnen die drei Bibelübersetzungen?
Welche Ausgleichs- und Vereinheitlichungstendenzen
enthält bereits Text 3 aus Luthers Todesjahr gegenüber
den früheren Versuchen?
Stellen Sie systematisch Merkmale der frühneuhochdeutschen Lexik, Syntax und Morphemik zusammen,
und vergleichen Sie sie mit der Gegenwartssprache!
Weiterführungen: Die Rolle des Ostmitteldeutschen
(und der Meißner Kanzlei) für die Ausbildung einer
deutschen Einheitssprache. – Luthers Leistung – Bahn-
brecher oder Nachzügler? – Schriftbild und Orthographie im Frühneuhochdeutschen.

Hans Eggers: Deutsche Sprachgeschichte 3 (s. Litera-
turhinweise).
Werner Besch: Frühneuhochdeutsch. In: LGL 3 (s.
Literaturhinweise), S. 588–597.
Gerhard Philipp: Einführung in das Frühneuhochdeut-
sche. Geschichte – Grammatik – Texte. Heidelberg:
Quelle & Meyer 1980.
Herbert Wolf: Martin Luther. Eine Einführung in
germanistische Luther-Studien. Stuttgart: Metzler
1980.

6. Aus dem 17. und 18. Jahrhundert präsentiert unsere
Sammlung theoretische und dichterische Texte. Sie do-
kumentieren alle die »Entstehung einer einheitlichen
Standard-Sprache im 17./18. Jahrhundert als Schaffung
eines Kommunikationsmittels für Literatur, Wissenschaften und Schriftverkehr« (Piirainen). Und dies trotz
der Ausbildung von Territorialstaaten im politischen
Bereich nach dem Dreißigjährigen Krieg!
a) Die theoretischen Texte stammen von einem Poeten,
einem Pädagogen und einem Philosophen. Vergleichen
Sie im einzelnen die hochgezüchtete Hyperbolik und
Metaphorik bei Gryphius mit der pietistisch-gefühlsbe-
tonten Dynamik bei Francke und dem verstandesmäßig
gliedernden, erklärenden Verfahren bei Wolff! Welche
Funktion übernehmen Fremdwörter, Verbalkomposita,
»Kunstwörter« (= Termini)? Wie weit schreitet die Ver-
einheitlichung von Schriftsprache und Rechtschreibung
in diesem Zeitraum fort?
b) Die dichterischen Texte stellen, in unterschiedlicher
Ausprägung, die Eitelkeit und Vergeblichkeit des
menschlichen Tuns dar – im Jahrhundert nach dem
Dreißigjährigen Krieg ein beherrschendes Thema. Dabei ist die Sprache des Barock prunkvoll und aufwendig,
rhetorisch und eindringlich, die der Aufklärung viel
nüchterner, vernünftiger, argumentativer. Charakterisieren Sie die Erzähltechnik bei Grimmelshausen, ver-

gleichen Sie Aufbau und Stilmittel in den beiden Gedichten! Wo trägt die Vanitas-Predigt von Gryphius typisch barocke Züge, wo zeigt sich bei Brockes (gut zwei Generationen später!) schon der Einfluß der Aufklärung? Wie sind diese sprachlich-künstlerischen Unterschiede aus der historisch-politischen Entwicklung zu erklären?

Weiterführungen: Versuch einer Normierung von Dichtung und Sprache bei Opitz, Schottel und Gottsched. – Die Bedeutung der Metapher in Barock und Aufklärung. – Virgel und Komma: Unterschiede der Interpunktion gestern und heute.

Hans Eggers: Deutsche Sprachgeschichte 4 (s. Literaturhinweise), S. 7–90.
Ilpo Tapani Piirainen: Deutsche Standardsprache des 17./18. Jahrhunderts. In: LGL 3 (s. Literaturhinweise), S. 598–603.

7. Klassik und Romantik haben die deutsche Hochsprache über Kunst und Wissenschaft, über Dichter und Schriftsteller ganz entscheidend geprägt. Hierdurch wurde der Sprachgebrauch bis heute nachhaltig bestimmt.
a) Die Einflußstränge offenbaren sich schon in der für die Zeit typischen Erlebnislyrik. Unsere Beispiele ermöglichen einen Motivvergleich (als Nachtgedichte) und einen Strukturvergleich (als Gebet-Gedichte). Beachten Sie dabei, daß Goethe, dem Kunstideal der Klassik entsprechend, ein Erlebnis in klarem Ausdruck und gegliederter Ordnung auf Allgemeingültiges hin stilisiert, während Eichendorff in melodisch-metaphorischer Form die Sehnsucht nach der Einheit von Ich und All vermittelt.
b) Die unterschiedliche Kunstauffassung von Klassik und Romantik äußert sich auch im Stil. Analysieren und vergleichen Sie die logisch-rhetorische Struktur der

Texte von Schiller und Schlegel! Wie werden die Gedanken entwickelt, durch welche Beispiele werden sie verdeutlicht?
Weiterführungen: Motivvergleich bei Gedichten von Goethe und Schiller. – Referat über Goethes Aufsatz *Deutsche Sprache* von 1818. – Sentenzen und »geflügelte Worte« in der klassischen deutschen Dichtung.

Hans Eggers: Deutsche Sprachgeschichte 4 (s. Literaturhinweise), S. 91–120.
Georg Büchmann: Geflügelte Worte. Der Zitatenschatz des deutschen Volkes. Berlin: Haude & Spener ³²1972.

8. Im 19. Jahrhundert hat das wirtschaftlich wie politisch etablierte Bürgertum, ausgestattet mit neuem Selbst- und auch Sendungsbewußtsein, einen integrativen Bildungsbegriff entwickelt, in den antikes und christliches Erbe, Klassik und Romantik gleichermaßen eingingen, unter Leitvorstellungen wie »Individualität«, »Liberalität«, »Humanität«. Später, schon um die Jahrhundertwende, werden diese Vorstellungen für ein breites, kommerziell und industriell orientiertes Publikum in phrasenhaftes Pathos überführt und trivialisiert. Großen Anteil an der Herstellung einer »breiten Öffentlichkeit« hat die Presse.
a) Aus klassischer Zeit übernommen wird die Vorstellung vom organischen Wachstum (Goethe, Herder!). Bei Humboldt treten neue Aspekte hinzu: das Lebendige, die Tätigkeit. Es bildet sich, schon bei Herder im 18. Jahrhundert sichtbar, ein bezeichnender Stil heraus, der am besten über Satzbauanalysen erfaßt werden kann. Achten Sie auf die Struktur der Hypotaxen, auf parataktische Teile, auf die typischen Zweierfiguren, die präpositionalen Fügungen und Partizipialkonstruktionen. Welche Auffassung über den Menschen und die Sprache bringt dieser Stil zum Ausdruck? Wie nähert

sich Humboldt seinem Gegenstand? Vergleichen Sie seine Darstellung auch mit der von Schlegel und Schiller!

Welche Stilelemente der Klassik und Romantik finden sich in der *Gartenlaube* wieder, in welcher Form und mit welchem kulturpolitischen Hintergrund (Bismarckzeit)? Wie kommt es, daß wir heute solche Beiträge als »Kitsch« empfinden? Vergleichen Sie zu diesem Komplex vor allem Eggers 4, S. 131–133!

b) Beide Autoren stehen in der Tradition des Bildungsbürgertums, Bollnow mit seiner konservativ-bewahrenden Gesinnung und Thomas Mann mit seiner kritisch-ironischen Distanzierung. Erläutern Sie diese Einstellungen anhand der tragenden Begriffe und Motive aus den Texten! Welche Eigenheiten des Bürgertums sucht Thomas Mann zu entlarven? Welche Ironiesignale enthält der Text?

Weiterführungen: Illustrierte Familienblätter *(Gartenlaube)* und Unterhaltungsromane (E. Marlitt, Hedwig Courths-Mahler, Felicitas Rose) um die Jahrhundertwende und heute. – Epigonale Sprachgestaltung im Gedicht (Gottfried Kinkel, August Graf von Platen, Nikolaus Lenau etc.). – Der Kitsch. Begriff, Vorkommensweisen, Funktionen in Malerei und Literatur.

Dieter Cherubim: Zur bürgerlichen Sprache des 19. Jahrhunderts. Historisch-pragmatische Skizze. In: Wirkendes Wort 33 (1983) Heft 6, S. 398–422.

Hans Eggers: Deutsche Sprachgeschichte 4 (s. Literaturhinweise), S. 121–133.

Theodor W. Adorno: Jargon der Eigentlichkeit. Zur deutschen Ideologie. Frankfurt a. M.: Suhrkamp [7]1974.

Theodor Echtermeyer: Auswahl deutscher Gedichte für höhere Schulen. Halle a. d. Saale: Buchhandlung des Waisenhauses [32]1897.

Wiener Verlag: Liebreizendes, Ergötzliches und Herz-
erfrischendes aus der Gartenlaube. Wien 1978.
Walther Killy: Deutscher Kitsch. Ein Versuch mit Beispielen. Göttingen: Vandenhoeck & Ruprecht ⁷1973.

9. Unsere Gegenwartssprache wird zunehmend bestimmt
von fachsprachlichen Elementen (Einfluß z. B. der
Technik) und der Funktionssprache von Recht und
Verwaltung. Lexikalisch-morphemisch handelt es sich
etwa um die breitere Verwendung von Termini, um
Abkürzungen (»Akü«-Sprache), um Substantivierungen
(neue Suffixbildungen) und vielgliedrige Komposita
(»Univerbierungen«), um sogenannte Funktionsverben
(»in Betrieb nehmen« statt »betreiben«, »in Ordnung
bringen« etc.); syntaktisch z. B. um Akkusativierungs-
tendenzen (»einen Brief beantworten« statt »jemandem
antworten«) und Sätze mit direkt oder indirekt passivi-
schem Charakter. Für die Verbreitung derartiger Erscheinungen haben schon im letzten Jahrhundert Scho-
penhauer und Nietzsche den Journalismus verantwortlich gemacht (vgl. Texte IV, 13, 14). Christian Morgen-
stern mokiert sich im Gedicht *Die Behörde* (*Galgenlie-
der*, 1905) darüber.
Stellen Sie, auch mit Hilfe der Angaben aus König oder
Braun, die einschlägigen Merkmale der Gegenwartssprache in unseren Texten zusammen! Wie sind sie aus
den Notwendigkeiten unserer »Verkehrsgemeinschaft«
(Eggers) zu erklären, wieweit hängen sie mit Textsorte
und Zielgruppe zusammen? Welche Textsorten sind
überhaupt typisch für unsere Zeit, welche Umstände
und welche Intentionen trugen zu ihrer Entwicklung
bei?
Läßt sich die starke Metaphorisierung in journalistischen Texten (über Redensarten beispielsweise) als Ge-
gengewicht gegen die »Tendenz zur Verwissenschaftli-
chung« (Braun) begreifen? Kann man, mit Hildegard
Wagner etwa, den Zug zur Versachlichung und Ratio-

nalisierung begrüßen, oder soll man ihn als »Spiegel des stetigen Verlusts des persönlichen Freiraums« (Korn, S. 59) brandmarken?

Weiterführungen: Gebrauchsanalysen bei anderen dominanten Textsorten der Gegenwart: Sprache der Wirtschaft und Werbung, Sprache der Wissenschaft, Sprache des Sports, Interviews. – Untersuchungen zum Verhältnis von Fachsprache und Fachjargon, von gesprochener und geschriebener Sprache, von Einheitssprache und Sondersprachen heute. – Ausdrucksmittel und Funktion der Jugendsprachen. – Manipulation der Sprache und Manipulation durch Sprache.

Hildegard Wagner: Die deutsche Verwaltungssprache der Gegenwart. Düsseldorf: Schwann ²1972.

Karl Korn: Sprache in der verwalteten Welt. München: Deutscher Taschenbuch Verlag 1962.

Hans-Rüdiger Fluck: Fachsprachen. München: Fink 1976.

Werner König: dtv-Atlas zur deutschen Sprache. München: Deutscher Taschenbuch Verlag 1978.

Peter Braun: Tendenzen in der deutschen Gegenwartssprache (s. Literaturhinweise).

Lutz Mackensen: Verführung durch Sprache. Manipulation als Versuchung. München: List 1973.

Ingulf Radtke (Bearb.): Die Sprache des Rechts und der Verwaltung. Stuttgart: Klett-Cotta 1981. (Der öffentliche Sprachgebrauch 2.)

Jugend '81: Lebensentwürfe, Alltagskulturen, Zukunftsbilder. Studie im Auftrag des Jugendwerkes der Deutschen Shell. Leverkusen: Leske & Budrich 1982. (Vor allem S. 430–475.)

Claus Peter Müller-Thurau: Laß uns mal 'ne Schnecke angraben. Sprache und Sprüche der Jugendszene. Düsseldorf u. Wien: Econ 1983.

Gerhart Wolff: Sprachmanipulation. Dortmund: Crüwell-Konkordia 1978. (Sprachhorizonte 30.)

10. Englischen Spracheinfluß gibt es im Deutschen schon
    seit dem 17. und 18. Jahrhundert, nach von Polenz
    (^{9}1978, S. 139 f.) im Bereich des Schöngeistig-Literari-
    schen (Blankvers, Humor, Volkslied u. a.), des Poli-
    tisch-Philosophischen (Parlament, Materialist, Gemein-
    wohl, Nationalcharakter) und des Naturwissenschaft-
    lich-Technischen (Dampfmaschine, Blitzableiter, Koks,
    Patent). Welche Gründe führen zu dem starken Anstei-
    gen im 19. Jahrhundert (vgl. etwa Kartell, Trust; Tun-
    nel, Viadukt; Reporter, Interview; Sport, Hockey) und
    nach 1945 (vgl. Jeep, Radar, Smog, Laser, Computer
    etc.)? Untersuchen Sie in den Texten einzelne Wortent-
    lehnungen (»evidente Einflüsse«: Fremdwort, Lehn-
    wort) und Lehnbildungen (»latente Einflüsse«: Lehn-
    übersetzung, Lehnübertragung und Lehnschöpfung;
    vgl. Text III, 10), und bestimmen Sie deren Funktionen!
    Führen die zahlreichen Außeneinflüsse heute (vgl. vor
    allem Texte wie 10 c) zu einem allgemeinen Sprachzer-
    fall? Bedeutet die starke Internationalisierung den Tod
    der lebendigen Einzelsprachen?
    Weiterführungen: Französischer und englischer Sprach-
    einfluß im Deutschen gestern und heute. – Englisch-
    amerikanischer Spracheinfluß in Fach- und Gruppen-
    sprachen. – Verschleierungen und Euphemismen durch
    Fremdwörter (»Callgirl«). – Externe Einflüsse (aus dem
    Englischen, Russischen) und interne Einflüsse (aus
    Gruppenjargon oder der Umgangssprache) auf die Stan-
    dardsprache der Gegenwart.

    Peter Braun: Tendenzen in der deutschen Gegenwarts-
        sprache (s. Literaturhinweise). (Vor allem Abschnitt
        4.7.)
    Peter Braun (Hrsg.): Fremdwortdiskussion. München:
        Fink 1979. (Vor allem die Beiträge von P. von Po-
        lenz, B. Carstensen und D. Duckworth.)
    Peter von Polenz: Geschichte der deutschen Sprache (s.
        Literaturhinweise), S. 139–147.

Fritz Neske / Ingeborg Neske: dtv-Wörterbuch eng-
lischer und amerikanischer Ausdrücke in der deutschen Sprache. München: Deutscher Taschenbuch
Verlag 1970.

Texte zur Theorie des Sprachwandels (III)

Die Texte bieten Argumente und Erklärungen zu mehreren
Fragenkreisen:
(1) Der Gedanke des Sprachwandels überhaupt (1, 2);
(2) Synchronische und diachronische Sprachbetrachtung
    (3–5);
(3) Ursachen und Gründe des Sprachwandels (5–8);
(4) Wandel im Wortschatz (9, 10).
Sie wollen damit zu einer Auswertung des in Teil II abge-
druckten Einzelmaterials beitragen.

1,2. Wenn von der Sprache als einer »dynamischen Erschei-
    nung« die Rede ist, werden oft die Begriffe *»Sprach-
    entwicklung«* und *»Sprachwandel«* nebeneinander ge-
    braucht. Jedoch ist »Sprachentwicklung« eher eine *teleo-
    logische* Kategorie, »Sprachwandel« dagegen eine *pragma-
    tische*. Welche Inhalte haben die beiden Begriffe im einzel-
    nen, was setzen sie jeweils voraus? Warum hat sich die
    Bezeichnung »Sprachwandel« heute allgemein durchge-
    setzt? Welche Ursachen/Bedingungen geben die Autoren
    für sprachliche *Veränderungen* an?

3.–5. Ein zentrales Problem für jede Sprachbetrachtung
    stellt das Verhältnis von *Sprachwandel* und *Sprachge-
    brauch* dar; denn der Sprachwandel hat es mit der Dimen-
    sion der Zeit, der Sprachgebrauch aber mit der Dimension
    des Raumes zu tun. De Saussure plädierte erstmals dafür,
    die beiden Ebenen nicht zu vermischen, und entschied
    sich für den Vorrang der *statischen Sprachwissenschaft*
    gegenüber einer *evolutiven Sprachwissenschaft*. Was be-
    deuten in seinem Konzept die Termini *»Diachronie«* und
    »Synchronie«, warum lassen sich die beiden Betrachtungs-

weisen nach seiner Auffassung nicht miteinander vereinen? Welche Argumente äußern Coseriu und von Polenz in ihrer Kritik an diesem Standpunkt? Inwiefern verhindert ein Vorrang der Synchronie ein tieferes Verständnis »der Funktionsweise sprachlicher Systeme«?

5.–9. Jede Erörterung des Sprachwandels wird irgendwann genauer nach den Ursachen und Bedingungen der Veränderungsphänomene fragen, d. h. nach Erklärungen für diachronische Prozesse suchen müssen. Von Polenz nennt hier drei globale Theorien, die jeweils wieder auf einer anderen Erklärungsgrundlage beruhen. Paul hat in diesem Zusammenhang schon früh auf die Sprache als Kulturprodukt einerseits und ihren »psycho-physischen Doppelcharakter« (Cherubim) andererseits verwiesen; danach muß man Sprechtätigkeiten und Spracherwerb untersuchen, um die »Veränderung des Usus« zu begreifen. In Weiterentwicklung dieses Ansatzes hat Martinet später zwischen *externen* und *internen Faktoren* des Sprachwandels unterschieden. Der externe Bereich betrifft z. B. äußere Lebensbedingungen oder Traditionen, der interne das Sprachsystem und den Sprachgebrauch selber, etwa Betonungsverhältnisse. Welche Faktoren nennen Porzig, Martinet etc. im einzelnen? Lassen sie sich miteinander vereinbaren? Welche Auffassung von Sprachwandel und -veränderung liegt den Texten jeweils zugrunde? Warum handelt es sich bei der Frage nach den Ursachen und Bedingungen nicht um ein »kausales«, sondern um ein »konditionales« Problem?

10. Sprachwandel ist am deutlichsten sichtbar und nachweisbar am Wortschatz. Er kann dort als Bedeutungswandel (s. Semasiologie), als Bezeichnungswandel (s. Onomasiologie) und als Wortgeschichte (s. Etymologie) untersucht werden. Charakterisieren und unterscheiden Sie diese drei Ansätze mit Hilfe eines sprachwissenschaftlichen (linguistischen) Lexikons und anhand von Beispielen! In welcher Weise wird dabei jeweils das Einzelwort in

einen größeren Zusammenhang gestellt? Inwiefern bedeuten alle drei Ansätze einen wichtigen Beitrag zum Thema »Sprache und Gesellschaft«?

Einzelne Themenkreise (IV)

Die hier angegebenen Themenkreise sollen eine projektartige Arbeitsweise und -planung ermöglichen. Mit ihnen kann gleichzeitig eine Erweiterung und Vertiefung der bisherigen Betrachtung erreicht werden. Das dargebotene Material läßt sich auch aus Texten des Teiles II auffüllen; umgekehrt vermag Teil II, besonders in den »Weiterführungen«, den Anstoß zu neuen »Themenkreisen« zu geben.

Entwicklung der pronominalen Anrede (A)

Es geht um die Frage, wie im Laufe der deutschen Sprachgeschichte Beziehungen zwischen Personen ausgedrückt worden sind, d. h. auch: welche Beziehungen hinter den jeweiligen Ausdrucksformen standen und stehen. Augst spricht von einer »Syntax der Höflichkeit«. Zu berücksichtigen ist zunächst, daß es seit dem 5. Jahrhundert im Deutschen zwei Formen der pronominalen Anrede gibt, das Duzen und das Ihrzen (aus dem lat. »vos« entwickelt, das in die Amtssprache eindrang); zu beachten ist ferner, daß eine Anrede unilateral (einseitig) oder reziprok (zweiseitig) sein kann.

Mögliche Arbeitsansätze:
– Wie ist die Ablösung der ursprünglich einheitlichen Anrede (althochdeutsche Zeit, *Hildebrandslied*!) durch zwei Formen zu erklären? Erstellen Sie anhand der Texte 1 und 3 ein »Flußdiagramm« für die mittelhochdeutsche Zeit!
– Welche sozialen Veränderungen führen im 19. Jahrhundert zur allgemeinen Durchsetzung des »Sie«?
– Mit welchen sonstigen Anredeformen (Titeln, Höflichkeitsbezeichnungen) und Ritualen sind das »Du«, das »Ihr« und das »Sie« verbunden?

- Welche Ausdruckswerte assoziieren Sie selber mit den Anrede-Pronomina »du« und »Sie«? Stimmen Sie der Diagnose von Ammon in diesem Zusammenhang zu?
- Sollte unsere Sprache zwei Anredeformen behalten oder das »Sie« wieder ausstoßen? In welche Richtung zielt die augenblickliche Entwicklung? Berücksichtigen Sie dabei auch den Trend in anderen europäischen Ländern!

Gerhard Augst: Zur Syntax der Höflichkeit (Du-Ihr-Sie). In: Ders., Sprachnorm und Sprachwandel (s. Literaturhinweise), S. 13–60.
Ulrich Ammon: Zur sozialen Funktion der pronominalen Anrede. In: Zeitschrift für Literaturwissenschaft und Linguistik, Heft 7 (1972) S. 73–88.
»Sagen Sie gerne du zu mir«. Spiegel-Report über den Wandel der Anrede. In: Der Spiegel Nr. 53 vom 28. 12. 1981, S. 34–41.

Rechtschreibung im 19. und 20. Jahrhundert (B)

Wie unsere Texte in Teil II auch zeigen, hat sich unsere komplizierte Rechtschreibung, vor allem die Groß- und Kleinschreibung, erst in neuhochdeutscher Zeit – im Barock – entwickelt. Sie ist von Grammatikern wie Adelung Ende des 18. Jahrhunderts systematisiert und Anfang des 20. Jahrhunderts (1901) vereinheitlicht worden. In ihrer Komplexität übertrifft sie die Regelungen aller Nachbarsprachen. Reformbestrebungen hat es schon länger gegeben; sie kulminieren in unserer Zeit, in der die Rechtschreibung deutlicher als früher ein politisch-gesellschaftliches Problem geworden ist.

Mögliche Arbeitsansätze:
- Auf welchen Grundsätzen beruht unsere gegenwärtige Rechtschreibung? Welche Traditionen sind in ihr wirksam?
- Wie verquicken sich in den Diskussionen um die rechte Schreibweise politische Überlegungen, pädagogische Aspekte und geschäftliche Interessen?

- Welche Argumente gibt es für, welche gegen eine gemäßigte Rechtschreibreform heute? Denken Sie dabei auch an die Schreibweise der vorliegenden Texte!

Hans Messelken (Hrsg.): Praxis Deutsch, Heft 4 (1974): Rechtschreibung.

Ingeborg Drewitz / Ernst Reuter (Hrsg.): vernünftiger schreiben. reform der rechtschreibung. Frankfurt a. M.: Fischer Taschenbuch Verlag 1974.

Gerhard Augst (Hrsg.): Deutsche Rechtschreibung mangelhaft? Materialien und Meinungen zur Rechtschreibreform. Heidelberg: Quelle & Meyer 1974.

Gerhard Augst / Karl Blüml / Dieter Nerius / Horst Sitta (Hrsg.): Zur Neuregelung der deutschen Orthographie. Begründung und Kritik. Tübingen: Niemeyer 1997.

Sprachreinigung und Sprachpflege (C)

Die Forderung nach Sprachreinigung und Sprachpflege taucht schon im 17. Jahrhundert auf und richtet sich zunächst gegen den unmäßigen Fremdwortgebrauch (»Verwelschung« der deutschen Sprache). Sie ist damals an die Namen Opitz, Harsdörffer, Schottelius u. a. geknüpft und führt zur Gründung von Sprachgesellschaften (1617 »Fruchtbringende Gesellschaft«). Deren Bestrebungen werden erneuert und erweitert in der Sprachkritik des 19. und 20. Jahrhunderts.

Mögliche Arbeitsansätze:
- Die Ziele von Harsdörffer schlagworthaft benennen, mit Beispielen aus der deutschen Sprachgeschichte belegen und im einzelnen diskutieren.
- Die Argumente Schopenhauers und Nietzsches erörtern und ihre Nachwirkung in der Stilkunde nach 1945 erweisen (etwa bei Reiners oder Sowinski).
- Die Kritik am »flauen Organisationsidiom« (Korn) unserer Tage an Texten aus der Nachrichten- und Politikersprache verdeutlichen und ihre Berechtigung prüfen.

Peter von Polenz: Geschichte der deutschen Sprache (s. Literaturhinweise), S. 108–116.
Hans Eggers: Deutsche Sprachgeschichte 4 (s. Literaturhinweise), S. 10 ff.
Lutz Mackensen: Verführung durch Sprache. Manipulation als Versuchung. München: List 1973.
Ludwig Reiners: Stilkunst. Ein Lehrbuch deutscher Prosa. München: Beck 1961. Völlig überarb. Ausg. 1991.
Bernhard Sowinski: Deutsche Stilistik. Beobachtungen zur Sprachverwendung und Sprachgestaltung im Deutschen. Frankfurt a. M.: Fischer Taschenbuch Verlag ²1978.
Hermann Glaser: Warum heißt das Bett nicht Bild? Soziolinguistische Paradigmata zur Sprache der Gegenwart. München: Hanser 1973.
Joachim Stave: Wörter und Leute. Glossen und Betrachtungen über das Deutsch in der Bundesrepublik. Mannheim u. Zürich: Bibliographisches Institut 1968.
Birgitta Mogge (Bearb.): Die Sprachnorm-Diskussion in Presse, Hörfunk und Fernsehen. Stuttgart: Klett-Cotta 1981. (Der öffentliche Sprachgebrauch 1.)

Sprache und Politik (D)

Politische Bewegungen und Überzeugungen wirken tief in die sprachlichen Strukturen hinein, vor allem seit dem Entstehen einer »öffentlichen Meinung«, an der die Presse, der Journalismus, maßgeblich beteiligt war.

Dieses weitgreifende Thema, andernorts auch vielfach dokumentiert, konzentrieren wir auf die Sprache der politischen Auseinandersetzung (Propaganda, Appell) im 20. Jahrhundert und folgen der Anregung von Polenz', statt Vokabularien (Einzelwortmethode), wie häufig praktiziert, *Texte* zu nehmen, bei denen ja Wortbedeutungen im Kontext determiniert werden (vgl. von Polenz ⁹1978, S. 165). Blickpunkt soll dabei die Auseinandersetzung mit dem Gegner oder Feind und deren sprachliche Formung sein. Sie führt hier zu Strategien der Aufwertung (bezogen auf die eigene Seite) und der Abwertung (bezogen auf die andere Seite) oder der Beschwichtigung (mit Rücksicht auf das Publikum, also die öffentliche Meinung).

Mögliche Arbeitsansätze:
- Welche Auffassungen von Politik und Gesellschaft (und von der politischen Auseinandersetzung) kommen in den Texten zum Ausdruck?
- Wie wir die politische Polemik des Nationalsozialismus im Kaiserreich vorbereitet, wie wirkt sie noch in die Gegenwart hinein? Denken Sie dabei an Abstraktionen, Simplifizierungen, Solidarisierungssignale u. a.!
- Wie äußern sich in den Texten jeweils die erwähnten sprachlichen Strategien (beschrieben bei Zimmermann), auf welche Adressaten sind sie berechnet?
- Welche Rolle spielen in ihnen metaphorische Wendungen, aus welchen Herkunftsbereichen stammen sie?
- Welche Entwicklung zeigt ein Vergleich der Wahlkampfanzeigen von 1976 und 1983? Berücksichtigen Sie bei Ihrer Analyse Wirkungsmittel wie Schlüsselwörter, Präsuppositionen (unausgesprochene Unterstellungen) etc., aber auch Faktoren wie politische Konstellation, Publikationsorgan, Zielgruppe, Intention im politischen Kampf o. ä.!
- Welche Funktion haben Schlagwörter wie »Manipulation« (oder »Sozialismus«, »Freiheit« usw.) in der ideologischen Auseinandersetzung? Mit welchen Mitteln wird hierbei selbst Sprachmanipulation (oder »Sprachlenkung«) betrieben?

Peter von Polenz: Geschichte der deutschen Sprache (s. Literaturhinweise), S. 160–185.
Walther Dieckmann: Sprache in der Politik. Einführung in die Pragmatik und Semantik der politischen Sprache. Heidelberg: Winter Universitätsverlag ²1975.
Georg Klaus: Sprache der Politik. Berlin [Ost]: Deutscher Verlag der Wissenschaften 1971.
Hans Dieter Zimmermann: Die politische Rede. Der

Sprachgebrauch Bonner Politiker. Stuttgart, Berlin, Köln
u. Mainz: Kohlhammer ³1975.

Gerhart Wolff (Hrsg.): Praxis Deutsch 18 (1976): Sprache
im Wahlkampf.

Rolf Bachem: Einführung in die Analyse politischer Texte.
München: Oldenbourg 1979.

Raimund H. Drommel / Gerhart Wolff: Metaphern in der
politischen Rede. In: Der Deutschunterricht 30 (1978)
Heft 1, S. 71–86.

Victor Klemperer: »LTI«. Die unbewältigte Sprache. Aus
dem Notizbuch eines Philologen. München: Deutscher
Taschenbuch Verlag ³1969.

Lutz Winkler: Studie zur gesellschaftlichen Funktion faschi-
stischer Sprache. Frankfurt a. M.: Suhrkamp 1970.

C. Vorschläge für weitere Projekte

Im folgenden werden noch weitere Themenkreise genannt,
die eine längere und projektartige Behandlung erfordern.
Die Klammern enthalten Materialhinweise z. T. in Kurz-
form (s. auch Literaturhinweise).

– Sprach- und Kulturgeschichte im Spiegel von Künstler-
briefen (Material dazu etwa in der Reihe *rowohlts mono-
graphien*).

– Der Gebrauch von Sprachbildern und Redewendungen
gestern und heute (Wolfgang Mieder, Hrsg.: Deutsche
Sprichwörter und Redensarten, Reclams UB Nr. 9550;
Gerhart Wolff, Hrsg.: Metaphorischer Sprachgebrauch,
Reclams UB Nr. 9570).

– Wortbildung im Deutschen von der Barockzeit bis zur
Gegenwart (Fleischer ²1971; Texte II, 6–10).

– Die Entwicklung wichtiger Funktionalstile (der Wissenschaft, der Verwaltung, der Publizistik etc.) vom 18. bis
zum 20. Jahrhundert (Anhaltspunkte bei Sanders 1973,
S. 89; zur Sprache der Wissenschaft etwa s. Texte II, 6, 8
und III).

- Erzählweisen (= Erzählmuster, Personenkonstellation, Zeitgestaltung etc.) als Spiegel der Epoche und der sozialen Verhältnisse (Anhaltspunkte: Jochen Vogt, Aspekte erzählender Prosa. Düsseldorf: Bertelsmann Universitätsverlag 1972. – Konrad Ehlich, Hrsg.: Erzählen im Alltag. Frankfurt a. M.: Suhrkamp 1980).
- Frauensprache in Vergangenheit und Gegenwart (z. B. Frauenbriefe: Jutta Radel, Hrsg., Liebe Mutter – liebe Tochter. Frauenbriefe aus drei Jahrhunderten. Frankfurt a. M. u. Berlin: Ullstein 1982; Erzählungen/Berichte und Romane von Hedwig Courths-Mahler, Verena Stephan, Gabriele Wohmann oder Karin Struck).
- Krieg und Sprache. Veränderungen in Wortschatz und Sprachbau durch die Weltkriege (vgl. etwa verschiedene Ausgaben des »Wasserzieher«).
- Phänomene des Sprachwandels in der Gegenwart, aufgewiesen am Sprachgebrauch der jüngeren und der älteren Generation (mit Hilfe von eigenen Tonbandprotokollen).
- Die Rolle geschriebener und gesprochener Sprache im 19. und 20. Jahrhundert (Braun 1979, von Polenz ⁹1978).
- Das Verhältnis von Dialekt und Einheitssprache (Standardsprache, Gemeinsprache) vor und nach dem 2. Weltkrieg (Hermann Bausinger: Dialekte – Sprachbarrieren – Sondersprachen. Frankfurt a. M.: S. Fischer 1972. – Hermann Glaser: Weshalb heißt das Bett nicht Bild? Soziolinguistische Paradigmata zur Sprache der Gegenwart. München: Hanser 1973).
- Ostdeutsch und Westdeutsch? Die These von der Sprachspaltung, diskutiert mit historischem Hintergrund und anhand von Lexikonartikeln und Presseerzeugnissen (Anhaltspunkte in: Michael Kinne, Hrsg., Texte Ost – Texte West. Frankfurt a. M.: Diesterweg 1977 – Wolff 1994/99, S. 271–278).
- Verfällt die deutsche Sprache? (Anhaltspunkte in: Claus Peter Müller-Thurau, Laß uns mal 'ne Schnecke angraben. Düsseldorf: Econ Verlag 1983. – Alfred Probst, Amideutsch. Frankfurt a. M.: Fischer Taschenbuch-Verlag 1989. – Wolff 1994).

VI. Quellenverzeichnis

Texte zur Entwicklung der deutschen Sprache (II)

1. a) Hugo Moser: Deutsche Sprachgeschichte. Tübingen: Schwab ⁴1961. S. 98 f. (Überschrift vom Hrsg.)
   b) Hans Eggers: Deutsche Sprachgeschichte. Bd. 2. Reinbek bei Hamburg: Rowohlt Taschenbuch Verlag 1965. S. 33. (Überschrift vom Hrsg.)
   c) Friedrich Kluge / Alfred Götze: Etymologisches Wörterbuch der deutschen Sprache. Berlin: de Gruyter ¹⁶1953. S. 30. – Duden Etymologie. Mannheim: Bibliographisches Institut 1963. S. 31.
   d) Der Große Brockhaus. Bd. 3. Wiesbaden: Brockhaus 1953. S. 544 f. – Der Große Herder. Bd. 3. Freiburg i. Br.: Herder ⁵1954. S. 394.
   e) Der Große Brockhaus. Bd. 6. Wiesbaden: Brockhaus 1955. S. 503. – Brockhaus Enzyklopädie. 17. Aufl. des Großen Brockhaus. Bd. 10. Wiesbaden: Brockhaus 1970. S. 385.
2. a) Deutsche Allgemeine Zeitung Nr. 288 vom 24. Juni 1922, S. 1. (Überschrift vom Hrsg.)
   b) Frankfurter Allgemeine Zeitung Nr. 232/41 D vom 7. Oktober 1981, S. 1. (Überschrift vom Hrsg.)
3. a) Nach: Ernst Bender (Hrsg.), Deutsches Lesebuch. Obersekunda. Karlsruhe: Braun o. J. S. 38.
   b) Friedrich von der Leyen / Peter Wapnewski (Hrsg.): Deutsches Mittelalter. Frankfurt a. M.: Insel Verlag 1980. S. 40 f.
   c) Friedrich von der Leyen / Peter Wapnewski (Hrsg.): Deutsches Mittelalter, a. a. O., S. 14 f.
   d) Nach: Ernst Bender (Hrsg.), Deutsches Lesebuch, a. a. O., S. 46.
   e) Hans Eggers: Deutsche Sprachgeschichte. Bd. 1. Reinbek bei Hamburg: Rowohlt Taschenbuch Verlag 1963. S. 140 f. (Überschrift vom Hrsg.)
4. a) Das Nibelungenlied. Kritisch hrsg. u. übertr. von Ulrich Pretzel. Stuttgart: Hirzel 1973. S. 148 f. – Das Nibelungenlied. Altdeutsch u. übertr. von Karl Simrock. Bd. 1. Leipzig: Tempel Verlag o. J. S. 301–305. – Übertragung von Ulrich Pretzel, a. a. O., S. 149–51. – Die Gedichte Walthers von der Vogelweide. Hrsg. von Hermann Paul. 10. Aufl. besorgt von Hugo Kuhn. Tübingen: Niemeyer 1965. S. 11 f., 13 f.
   b) Offenbarungen der Schwester Mechthild von Magdeburg oder Das Fließende Licht der Gottheit. Hrsg. von P. Gall Morell. Darmstadt: Wissenschaftliche Buchgesellschaft 1963. (Nachdruck der Ausgabe von 1869.) S. 4 f. (Textwiedergabe mit Erläuterungen nach: Hans Eggers, Deutsche Sprachgeschichte. Bd. 2, a. a. O., S. 237 f.) – Meister Eckhardts Traktate. Hrsg. von Josef Quint. Stuttgart: Kohlhammer 1963. S. 400–403 u. S. 539 (Übersetzung).
5. a) Sebastian Brant: Das Narrenschiff. Nach der Erstausgabe (Basel 1494) hrsg. von Manfred Lemmer. Tübingen: Niemeyer ²1968. S. 39 f. – Historia von D. Johann Fausten. Neudruck des Faustbuches von 1587. Hrsg. u.

eingel. von Hans Henning. Halle a. d. Saale: VEB Verlag Sprache und Literatur 1963. S. 23–25.

b) Nach: Hans Eggers, Deutsche Sprachgeschichte. Bd. 3. Reinbek bei Hamburg: Rowohlt Taschenbuch Verlag 1969. S. 223 f. (Überschrift vom Hrsg.) – D. Martin Luthers Werke. Kritische Gesamtausgabe. Bd. 30. Weimar: Böhlau Nachf. 1909. S. 636 f.

6. a) Andreas Gryphius: Gesamtausgabe der deutschsprachigen Werke. Hrsg. von Marian Szyrocky u. Hugh Powell. Bd. 5: Trauerspiele II. Tübingeny: Niemeyer 1965. S. 99 f. (Überschrift vom Hrsg.) – August Hermann Francke: Werke in Auswahl. Hrsg. von Erhard Peschke. Berlin: de Gruyter 1969. S. 132 f. (Überschrift vom Hrsg.) – Christian Wolff: Gesammelte Werke. 1. Abt., Bd. 9. Hrsg. von Hans Werner Arndt. Hildesheim u. New York: Olms 1973. S. 24–27. (Überschrift vom Hrsg.)

b) Hans Jakob Christoffel von Grimmelshausen: Der Abentheuerliche Simplicissimus Teutsch und Continuatio des abentheuerlichen Simplicissimi. Hrsg. von Rolf Tarot. Tübingen: Niemeyer 1967. S. 12 f. – Andreas Gryphius: Gesamtausgabe der deutschsprachigen Werke. Hrsg. von Marian Szyrocky u. Hugh Powell. Bd. 1: Sonette. Tübingen: Niemeyer 1963. S. 33 f. – Barthold Hinrich Brockes: Auszug der vornehmsten Gedichte aus dem Irdischen Vergnügen in Gott. Stuttgart: Metzler 1965. (Faksimiledruck der Ausgabe von 1738.) S. 706.

7. a) Goethes Werke. Hrsg. im Auftrage der Großherzogin Sophie von Sachsen. Bd. 1. Weimar: Böhlau 1887. S. 98. – Joseph von Eichendorff: Sämtliche Werke. Hrsg. von Wilhelm Kosch. Bd. 1: Gedichte. Regensburg: Habbel 1921. S. 378:

b) Friedrich Schiller: Über naive und sentimentalische Dichtung. In: Schillers Werke. Hrsg. von Benno von Wiese. Nationalausgabe, Bd. 20. Weimar: Böhlau Nachf. 1962. S. 424 f. (Überschrift vom Hrsg.) – August Wilhelm von Schlegel's sämmtliche Werke. Hrsg. von Eduard Böcking. Bd. 7. Leipzig: Weidmannsche Buchhandlung 1846. S. 104 f.

8. a) Johann Gottfried Herder: Sämtliche Werke. Hrsg. von Bernd Suphan. Bd. 1. Hildesheim: Olms 1967. (Nachdruck der Ausgabe von 1877.) S. 151 f. – Wilhelm von Humboldt: Werke in 5 Bänden. Hrsg. von Andreas Flitner u. Klaus Giel. Bd. : Schriften zur Sprachphilosophie. Darmstadt: Wissenschaftliche Buchgesellschaft ⁴1972. S. 418 f. (Überschrift vom Hrsg.) – Die Gartenlaube, Jg. 1873, Heft 2. Leipzig: Keil's Verlag. S. 80.

b) Otto Friedrich Bollnow: Sprache und Erziehung. Stuttgart, Berlin, Köln u. Mainz: Kohlhammer 1966. S. 194 f. – Thomas Mann: Erzählungen. Stockholmer Gesamtausgabe. o. O.: S. Fischer 1960. S. 445 f.

9. a) Metabo-Beipack 1982. (Überschrift vom Hrsg.)

b) Amtsblatt für die Gemeinde Lohmar vom 30. April 1982, S. 3.

c) Express Nr. 95vom 25. April 1983, S. 1. – Kölner Stadtanzeiger Nr. 95 vom 25. April 1983, S. 4. – Süddeutsche Zeitung Nr. 94 vom 25. April 1983, S. 9. – Stern Nr. 18 vom 28. April 1983, S. 37. – Express Nr. 98 vom 28. April 1983, S. 19.

d) Hans Weigel: Die Leiden der jungen Wörter. Ein Antiwörterbuch. Zürich u. München: Artemis ⁴1975. S. 107.

10. a) Der Spiegel Nr. 16 vom 19. April 1982, S. 13.
    b) Popcorn Nr. 11 vom November 1982. – Kölner Stadtanzeiger Nr. 262 vom 11. November 1982, S. 20.
    c) Peter Linnert u. a.: Lexikon angloamerikanischer und deutscher Management-Begriffe. Gernsbach: Deutscher Betriebswirte-Verlag 1972. – Welt am Sonntag Nr. 47 vom 21. November 1982, S. 32.

Texte zur Theorie des Sprachwandels (III)

1. Hugo Moser: Deutsche Sprachgeschichte. Mit einer Einführung in die Fragen der Sprachbetrachtung. Stuttgart: Schwab ⁴1961. S. 50 f.
2. Hans Eggers: Deutsche Sprachgeschichte. Bd. 1: Das Althochdeutsche Reinbek bei Hamburg: Rowohlt Taschenbuch Verlag 1963. S. 12–14. (Überschrift vom Hrsg.)
3. Ferdinand de Saussure: Grundfrage der allgemeinen Sprachwissenschaft. Berlin: de Gruyter ²1967. S. 93–96. (Überschrift vom Hrsg.)
4. Eugen Coseriu: Synchronie, Diachronie und Sprachgebrauch. In: Dieter Cherubim (Hrsg.), Sprachwandel. Reader zur diachronischen Sprachwissenschaft. Berlin u. New York: de Gruyter 1975. S. 138–140. (Überschrift vom Hrsg.)
5. Peter von Polenz: Geschichte der deutschen Sprache. Berlin u. New York: de Gruyter ⁹1978. S. 5–8.
6. Hermann Paul: Prinzipien der Sprachgeschichte. Tübingen: Niemeyer ⁸1968. S. 32–34 (Orthographie modernisiert.)
7. Walter Porzig: Das Wunder der Sprache. Bern: Francke ² 1957. S. 302 f. (Überschrift vom Hrsg.)
8. André Martinet: Grundzüge der allgemeinen Sprachwissenschaft. Stuttgart, Berlin, Köln u. Mainz: Kohlhammer ⁴1970. S. 164. (Überschrift vom Hrsg.)
9. Franz Dornseiff: Bezeichnungswandel unseres Wortschatzes. Lahr: Schauenburg 1966. S. 4 f. (Überschrift vom Hrsg.)
10. Ernst Wasserzieher / Werner Betz: Woher? Ableitendes Wörterbuch der deutschen Sprache. Bonn: Dümmler ⁵1962. S. 56 f. (Überschriften vom Hrsg.)

Einzelne Themenkreise (IV)

1. Jakob u. Wilhelm Grimm: Deutsche Grammatik. Bd. 4.1. Göttingen: Dieterich 1837. S. 361. Zusammenstellung nach: Gerhard Augst, Sprachnorm und Sprachwandel. Vier Projekte zur diachronischen Sprachbetrachtung. Wiesbaden: Athenaion 1977. S. 27. (Überschrift vom Hrsg.)
2. Friedrich Gedike: Über Du und Sie in der deutschen Sprache. In: F. G., Vermischte Schriften. Berlin: Unger 1801. S. 136 f. (Orthographie modernisiert.)
3. Gerhard Augst: Sprachnorm und Sprachwandel. a. a. O., S. 19.
4. Joachim G. Leithäuser: Anstand mit Anstand. Die Kunst, mit sich und anderen umzugehen. Frankfurt a. M., Wien u. Zürich: Büchergilde Gutenberg 1965. S. 226 f. (Überschrift vom Hrsg.)
5. Ulrich Ammon: Zur sozialen Funktion der pronominalen Anrede. In:

Zeitschrift für Literaturwissenschaft und Linguistik, Heft 7 (1972) S. 80. (Überschrift vom Hrsg.)

6. Der Spiegel, Heft 53 vom 53 vom 28. 12. 1981, S. 34.

7. Johann Christoph Adelung: Umständliches Lehrgebäude der Deutschen Sprache zur Erläuterung der Deutschen Sprachlehre für Schulen. Leipzig: Breitkopf 1782. (Nachdruck: Hildesheim u. New York: Olms 1971.) S. 726–729. (Überschrift vom Hrsg.)

8. Jakob u. Wilhelm Grimm: Deutsches Wörterbuch. Bd. 1. Leipzig: Hirzel 1854. S. VIII f. (Überschrift vom Hrsg.)

9. Hans Messelken: Orthographie und rechtschreibung. Basisartikel. In: Praxis Deutsch, Heft 4 (1974) S. 18 f. (Überschrift vom Hrsg.)

10. Lehrbuch »Sprache und Sprechen«. Hrsg. von Dorothea Ader, Johann Bauer u. Walter Henze. 5. Schuljahr. Lehrerband, Neubearbeitung 1980. Hannover: Schroedel 1980. S. 24. (Überschrift vom Hrsg.)

11. Fritz Rahn: Die geplante Reform – Betrachtungen und Vorschläge. In: Der Deutschunterricht 7 (1955) Heft 3, S. 120 f. (Überschrift vom Hrsg.)

12. Georg Philipp Harsdörffer: Frauenzimmer Gesprächspiele. Hrsg. von Irmgard Böttcher. 1. Teil. Tübingen: Niemeyer 1968. S. 361 f. (Überschrift vom Hrsg.)

13. Arthur Schopenhauers sämtliche Werke. Hrsg. von Paul Deussen. Bd. 5.2: Parerga und Paralipomena. München: Piper 1913. S. 594 f. (Überschrift vom Hrsg.; Orthographie modernisiert.)

14. Friedrich Nietzsche: Gesammelte Werke. Musarion-Ausgabe. Bd. 4. München: Musarion 1921. S. 37 f. (Überschrift vom Hrsg.; Orthographie modernisiert.)

15. Karl Korn: Sprache in der verwalteten Welt. München: Deutscher Taschenbuch Verlag 1959. S. 136–138.

16. Lutz Mackensen: Verführung durch Sprache. Manipulation als Versuchung. München: List 1973. S. 148–150. (Überschrift vom Hrsg.)

17. Dolf Sternberger / Gerhard Storz / W. E. Süskind: Aus dem Wörterbuch des Unmenschen. München: Deutscher Taschenbuch Verlag 1962. S. 35–37.

18. Frankfurter Allgemeine Zeitung Nr. 113/20 D vom 17. Mai 1982, S. 1.

19. Friedrich Arnold (Hrsg.): Anschläge. Deutsche Plakate als Dokumente der Zeit 1900–1960. Ebenhausen bei München: Langewiesche–Brandt 1963. Blatt I/3. (Überschrift vom Hrsg.)

20. Nach: Gerhart Binder, Epoche der Entscheidungen. Stuttgart: Seewald [11]1966. S. 79. (Überschrift vom Hrsg.)

21. Eduard Klöss (Hrsg.): Reden des Führers. Politik und Propaganda Adolf Hitlers 1922–1945. München: Deutscher Taschenbuch Verlag 1967. S. 92. (Überschrift vom Hrsg.)

22. Carl G. P. Henze: Bomben auf Coventry. Erlebnisse der Besatzung einer »Ju 88« beim Einsatz gegen England. Berlin: Steiniger o. J. S. 5, 24 f. (Kriegsbücherei der deutschen Jugend, Heft 84.)

23. Adler im Süden. Frontzeitung für die deutsche Luftwaffe in Italien Nr. 471 vom 26. 8. 1944, S. 3. Nach: Walther Hofer (Hrsg.), Der Nationalsozialismus. Dokumente 1933–1945. Frankfurt a. M.: S. Fischer 1957. S. 281 f. (Überschrift vom Hrsg.)

24. a) Aus der CDU-Serie »Sicher, sozial und frei« in Publikumszeitschriften (Hör zu, Für Sie) Ende Juni 1976.
    b) Aus der SPD-Serie »Politik«. In: Der Spiegel, Herbst 1976. (Überschrift vom Hrsg.)
25. a) Kölner Stadtanzeiger Nr. 44 vom 22. Februar 1983, S. 19.
    b) Kölner Stadtanzeiger Nr. 46 vom 24. 2. 1983, S. 12. (Überschrift vom Hrsg.)
26. Wolfgang Eichhorn u. a.: Wörterbuch der marxistisch-leninistischen Soziologie. Berlin: Dietz ²1977, S. 407. (Überschrift vom Hrsg.)

VII. Literaturhinweise

Althaus, Hans Peter / Helmut Henne / Herbert Ernst Wiegand (Hrsg.): Lexikon der Germanistischen Linguistik. Bd. 3, Teil VIII: Historische Aspekte. Tübingen: Niemeyer ²1980.

Augst, Gerhard (Hrsg.): Der Deutschunterricht 38 (1986) Heft 4: Sprachgeschichte als Sozialgeschichte.

Augst, Gerhard: Sprachnorm und Sprachwandel. Vier Projekte zu diachroner Sprachbetrachtung. Wiesbaden: Athenaion 1977.

Bach, Adolf: Geschichte der deutschen Sprache. Heidelberg: Quelle & Meyer ⁸1965.

Besch, Werner / Oskar Reichmann / Stefan Sonderegger (Hrsg.): Sprachgeschichte. Ein Handbuch zur Geschichte der deutschen Sprache und ihrer Erforschung. 2 Bde. Berlin u. New York: de Gruyter 1984 u. 1985.

Bodmer, Frederick: Die Sprachen der Welt. Geschichte – Grammatik – Wortschatz in vergleichender Darstellung. Köln u. Berlin: Kiepenheuer & Witsch o. J.

Boretzky, Norbert: Einführung in die historische Linguistik. Reinbek bei Hamburg: Rowohlt Taschenbuch Verlag 1977.

Braun, Peter (Hrsg.): Deutsche Gegenwartssprache. Entwicklungen – Entwürfe – Diskussionen. München: Fink 1979.

Braun, Peter: Tendenzen in der deutschen Gegenwartssprache. Stuttgart, Berlin, Köln u. Mainz: Kohlhammer 1979. ⁴1998.

Bühler, Karl: Sprachtheorie. Stuttgart: G. Fischer 1982. (UTB 1159.) (Neudruck der Ausgabe von 1934.)

Cherubim, Dieter (Hrsg.): Sprachwandel. Reader zur diachronischen Sprachwissenschaft. Berlin u. New York: de Gruyter 1975.

Coseriu, Eugen: Synchronie, Diachronie und Geschichte. Das Problem des Sprachwandels. München: Fink 1974.

Dieckmann, Walther / Gerhard Voigt: Praxis Deutsch, Heft 40 (1980): Sprache und Geschichte.

Eggers, Hans: Deutsche Sprachgeschichte. Bd. 1: Das Althochdeutsche (1963); Bd. 2: Das Mittelhochdeutsche (1965); Bd. 3: Das Frühneuhochdeutsche (1969); Bd. 4: Das Neuhochdeutsche (1977). Reinbek bei Hamburg: Rowohlt Taschenbuch Verlag 1963–77. (In 2 Bdn. ²1986.)

Eggers, Hans: Deutsche Sprache im 20. Jahrhundert. München: Piper ²1978.

Fleischer, Wolfgang: Phraseologie der deutschen Gegenwartssprache. Tübingen: Niemeyer ²1997.

Fleischer, Wolfgang / Irmhild Barz: Wortbildung der deutschen Gegenwartssprache. Tübingen: Niemeyer ²1995.

Grimm, Jakob: Geschichte der deutschen Sprache. 2 Bde. Leipzig: Hirzel 1848.

Hartig, Matthias: Sprache und sozialer Wandel. Stuttgart, Berlin, Köln u. Mainz: Kohlhammer 1981.

Humboldt, Wilhelm von: Werke in 5 Bänden. Hrsg. von Andreas Flitner u. Klaus Giel. Bd. 3: Schriften zur Sprachphilosophie. Darmstadt: Wissenschaftliche Buchgesellschaft ⁴1972.

Kluge, Friedrich: Etymologisches Wörterbuch der deutschen Sprache. Neubearb. von Elmar Seebold. Berlin u. New York: de Gruyter ²³1995.

Klute, Wilfried: Die Geschichtlichkeit der Sprache: Wandel im Wortschatz. Dortmund: Crüwell-Konkordia 1978. (Sprachhorizonte 36.)

Klute, Wilfried: Sprachwandel: Tendenzen – Epochen – Probleme. Dortmund: Crüwell-Konkordia 1979. (Sprachhorizonte 31.)

König, Werner: dtv-Atlas zur deutschen Sprache. Tafeln und Texte. München: Deutscher Taschenbuch Verlag 1978.

Lewandowski, Theodor: Linguistisches Wörterbuch. 3 Bde. Heidelberg: Quelle & Meyer ⁶1994.

Leyen, Friedrich von der / Peter Wapnewski (Hrsg.): Deutsches Mittelalter. Frankfurt a. M.: Insel Verlag 1980.

LGL s. Althaus, Hans Peter u. a. (Hrsg.)

Linke, Angelika (Hrsg.): Praxis Deutsch, Heft 96 (1989): Sprachgebrauch und Sprachgeschichte.

Linke, Angelika: Sprachkultur und Bürgertum. Zur Mentalitätsgeschichte des 19. Jahrhunderts. Stuttgart: Metzler 1996.

Mackensen, Lutz: Deutsche Etymologie. Ein Leitfaden durch die Geschichte des deutschen Wortschatzes. Bremen: Schünemann 1977.

Martinet, André: Grundzüge der Allgemeinen Sprachwissenschaft. Stuttgart, Berlin, Köln u. Mainz: Kohlhammer 1963.

Moser, Hugo: Deutsche Sprachgeschichte. Mit einer Einführung in die Fragen der Sprachbetrachtung. Stuttgart: Schwab ⁴1961.

Moser, Hugo: Annalen der deutschen Sprache. Von den Anfängen bis zur Gegenwart. Stuttgart: Metzler ⁴1972.

Moser, Hans / Hans Wellmann / Norbert Richard Wolf: Geschichte der deutschen Sprache. Bd. 1: Althochdeutsch-Mittelhochdeutsch

(1981); Bd. 2: Frühneuhochdeutsch; Bd. 3: Neuhochdeutsch. Heidelberg: Quelle & Meyer 1981 ff.

Müller-Bollhagen, Elgin (Hrsg.): Sprachgeschichte – eine Einführung in ihre Probleme und Methoden für Germanisten. München: Fink 1980.

Paul, Hermann: Prinzipien der Sprachgeschichte. Tübingen: Niemeyer [8]1968.

Polenz, Peter von: Geschichte der deutschen Sprache. Berlin u. New York: de Gruyter [9]1978.

Polenz, Peter von: Deutsche Sprachgeschichte vom Spätmittelalter bis zur Gegenwart. Bd. 1: Einführung – Grundbegriffe – Deutsch in der frühbürgerlichen Zeit. Berlin u. New York: de Gruyter 1991. Bd. 2: 17. und 18. Jahrhundert. Berlin u. New York: de Gruyter 1994.

Porzig, Walter: Das Wunder der Sprache. Bern: Francke [2]1957.

Sanders, Willy: Linguistische Stiltheorie. Göttingen: Vandenhoeck & Ruprecht 1973.

Schildt, Johannes: Abriß der Geschichte der deutschen Sprache. Zum Verhältnis von Gesellschafts- und Sprachgeschichte. Berlin [Ost]: Deutscher Verlag der Wissenschaften 1976.

Schlieben-Lange, Brigitte / Joachim Gessinger (Hrsg.): Zeitschrift für Literaturwissenschaft und Linguistik (LiLi), Heft 47 (1982): Sprachgeschichte und Sozialgeschichte.

Schlieben-Lange, Brigitte: Sprache und Geschichte. Sprachliches Handeln und historische Einzelsprache. Stuttgart, Berlin, Köln u. Mainz: Kohlhammer 1983.

Schmidt, Wilhelm (Hrsg.): Geschichte der deutschen Sprache. Mit Texten und Übersetzungshilfen. Berlin [Ost]: Volk und Wissen [3]1980.

Schmidt, Wilhelm: Geschichte der deutschen Sprache. Ein Lehrbuch für das germanistische Studium. 6. Auflage, erarb. unter der Leitung von Helmut Langner. Stuttgart u. Leipzig: Hirzel [7]1996.

Schweikle, Günther: Germanisch-deutsche Sprachgeschichte im Überblick. Stuttgart: Metzler [4]1996.

Sitta, Horst (Hrsg.): Ansätze zu einer pragmatischen Sprachgeschichte. Zürcher Kolloquium 1978. Tübingen: Niemeyer 1980.

Sonderegger, Stefan: Grundzüge deutscher Sprachgeschichte. Diachronie des Sprachsystems. Bd. 1: Einführung, Genealogie, Konstanten. Berlin u. New York: de Gruyter 1979.

Sowinski, Bernhard: Grundlagen des Studiums der Germanistik. Teil 1: Sprachwissenschaft. Köln u. Wien: Böhlau 1970.

Stötzel, Georg: Das Bild der Sprachgeschichte in Sprachbüchern. In: Zeitschrift für germanistische Linguistik (ZGL) 9.1. Berlin u. New York: de Gruyter 1981. S. 3–19.

Stötzel, Georg (Hrsg.): Sprache und Literatur, Heft 52 (1983): Sprachgeschichte.

Tschirch, Fritz: Geschichte der deutschen Sprache. 2 Bde. Berlin: Schmidt ²1971.

Wasserzieher, Ernst / Werner Betz: Woher? Ableitendes Wörterbuch der deutschen Sprache. Bonn: Dümmler ⁵1962.

Wells, Christopher J.: Deutsch: eine Sprachgeschichte bis 1945. Tübingen: Niemeyer 1990.

Wimmer, Rainer (Hrsg.): Das 19. Jahrhundert. Sprachgeschichtliche Wurzeln des heutigen Deutsch. Berlin u. New York: de Gruyter 1991.

Wolff, Gerhart: Deutsche Sprachgeschichte. Ein Studienbuch. Tübingen u. Basel: Francke ⁴1999.

Wolff, Gerhart (Hrsg.): Wirkendes Wort 37 (1987) Heft 2: Deutsche Sprachgeschichte.

Wolff, Gerhart: Die These vom Sprachverfall. Ein kürzeres Traktat. In: Holger Burckhart (Hrsg.), Diskurs über Sprache. Würzburg: Königshausen & Neumann 1994. S. 213–227.

Zimmer, Dieter E.: Redens Arten. Über Trends und Tollheiten im neudeutschen Sprachgebrauch. Zürich: Haffmans 1986.

Arbeitstexte für den Unterricht

Sprachgeschichte, Sprach- und Literaturtheorie

Deutsche Sprache der Gegenwart. Hrsg. von K. Hotz. 166 S. UB 9531

Deutsche Sprachgeschichte. Hrsg. von G. Wolff. 190 S. UB 9582

Fach- und Sondersprachen. Hrsg. von N. Feinäugle. 136 S. UB 9510

Fiktionale und nichtfiktionale Texte desselben Autors. Hrsg. von P. Schaarschmidt. 80 S. UB 9515

Funktionen der Sprache. Hrsg. von O. Schober. 126 S. UB 9516

Herrschaft durch Sprache. Politische Reden. Hrsg. von W. Schafarschik. 150 S. UB 9501

Literarische Wertung. Hrsg. von I. Degenhardt. 188 S. UB 9544

Literatursoziologie. Hrsg. von H. Hanfland. 151 S. UB 9514

Literatur und Erkenntnis. Hrsg. von U. Charpa. 183 S. UB 15005

Märchenanalysen. Hrsg. von S. Schödel. 180 S. UB 9532

Metaphorischer Sprachgebrauch. Hrsg. von G. Wolff. 111 S. UB 9570

Methoden der Interpretation. Hrsg. von C. Schlingmann. 207 S. UB 9586

Philosophie und Sprache. Hrsg. von J. Schulte. 173 S. UB 9563

Text und Leser. Zur Rezeption von Literatur. Hrsg. von O. Schober. 184 S. UB 9549

Texte zur Poetik des Films. Hrsg. von R. Denk. 188 S. UB 9541

Theorie der Kurzgeschichte. Hrsg. von H.-Ch. Graf von Nayhauss. 96 S. UB 9538

Theorie der Lyrik. Hrsg. von L. Völker. 147 S. UB 9594

Theorie der Novelle. Hrsg. von H. Krämer. 75 S. UB 9524

Theorie des Dramas. Hrsg. von U. Staehle. 144 S. UB 9503

Theorie des Kriminalromans. Hrsg. von E. Finckh. 88 S. UB 9512

Theorie des Romans. Hrsg. von U. Lindken. 151 S. UB 9534

Theorie und Praxis des Erzählens. Hrsg. von G. Wolff. 192 S. UB 15009

Werbetexte / Texte zur Werbung. Hrsg. von I. Springmann. 87 S. UB 9522

Philipp Reclam jun. Stuttgart